풍경 담은 간이역

양호인

교음사

책을 내며

꿈을 꾸며

　Retro travel, 복고 여행은 기차로 간다.
　코로나19로 해외여행은 물론 국내 여행조차 쉽지 않던 지난 3년 동안 전국의 간이역을 여행해 보았다. 참 좋은 세상이다. 인터넷 검색으로 전국의 간이역, 폐역의 주소는 물론 근황까지 대강은 알 수 있는 시대가 되었다. 내비게이션에 간이역 명을 찍으면 그녀가 다 알려준다. 라디오 음악으로 귀 호강하고, 마음 맞는 벗들까지 동행하면 '이보다 더 좋을 순 없다.' 요즘 핫 하다는 마이크로 투어리즘(Micro Tourism), 근거리 여행의 선두 주자가 된 거다.
　그렇게 시작된 간이역 여행 프로그램은 사진을 곁들여 월간 『수필문학』에 연재하는 영광까지 선물로 받았다.
　고속도로를 달리며 상상한다. 나를 기다리고 있는 역은 어떤 모습일까? 주변 사람들은 어떻게 살아가고 있을까?
　어느 역은 화사한 꽃으로 함박웃음을 웃고, 다른 역은 화려한 단풍 옷을 입고 기다렸다. 또 다른 역은 눈 쌓인 역사 지붕에서 하얀 웃음이 달려 나왔다. 간혹 폐역의 쓸쓸함으로, 때론 폐역이 되었어도 예쁜 모습으로 단장하여 다소곳이 있기도 했다. 지역민들의 작은 소망으로 치장하여 기다리기도 하고.
　정선역에서 기다리고 있던 열차를 보며 상상해 보았다. 저런 모습으로 강물 위를 달려 서울로 갈 수 있다면(?), 불가능한 일은 아닐지도 모른다. 수륙 양용 자동차도 있다는데 그쯤이야 머지않아 가능하지 않을까?

　아니 또 있다. 2026년 말쯤이면 제주 공항을 이륙해 주요 관광지를 둘러보는 UAM(Urban Air Mobility의 줄임말, 지상과 항공을 연결하여 도심 상공에서 사람이나 화물을 운송할 수 있는 차세대 교통 체계), 관광모델을 준비하고 있다는데 기차가 대신하면 어떨까? 아주 멋있을 거다. 기다랗고 알록달록한 기차가 하늘을 날아다닌다면 얼마나 신나는 일인가. 상상은 자유니까. 무한한 상상이 오늘의 현실을 만들지 않았던가. 지금 이런 상상이 달나라로, 화성으로 가는 UAM 기차의 시발점이 되기를….

　지금은 전국 800여 개 간이역·폐역으로 기차 타고 가는 것으로도 충분하다. 아름다운 자연과 맑고 신선한 공기, 따스한 눈빛의 사람들이 있는 곳이니까.

　아프리카의 마다가스카르, 에티오피아로, 인도로, 중앙아시아로 세계의 오지 여행을 즐기던 내게 코로나19가 선물해준 간이역 여행은 우리나라 최고의 오지 여행지가 있음을 알려주었다.

　오늘 밤도 나는 물 위를 달리는 기차를 타고, UAM 기차를 타고 도착한 어느 간이역에서 향긋하고 쌉싸름한 커피를 마시고 있을 거다. 아름다운 풍경을 오롯이 담은 간이역에서 꿈을 꾼다. 꿈은 꾸는 자의 것이니까.

2024. 1. 저자 **양호인**

차례

· 책을 내며

영동선·중앙선

구둔역 | 가슴에 구둔역이라는 이름표를 달고 … 16
석불역 | 추억은 가고 현재는 남는다 … 22
판대역 | 소소하고 확실한 행복 … 28
능내역 | 아름다운 선택 … 32
반곡역 | 상상과 현실 … 38
간현역 | 레일파크에 몸을 내어주고 … 44
신림역 | 영혼도 호흡을 멈춘 역 … 50

경춘선(성북역~춘천역)

경강역 | 춘천 가는 기차 … 54
백양리역 | 한 묶음의 추억 … 60
김유정역 | 지금만큼만 살면 돼 … 68

철암선

도경리역 | 여인의 이름처럼 우아한 … 74
철암역 | 안개 낀 쇠 바우골 … 80

군산선

임피역 | 내가 보고 있어요 … 88
춘포역 | 봄 나루 … 94
삼례역 | 실수도 하며 살아야 … 100

중앙선(경주구간)

경주역 | 무엇으로 경주를 지키게 될까? … 110
동방역 | 누구에게나 아름다운 … 116
불국사역 | 무엇으로 태어날까 … 122
건천역 | 시인의 플랫폼 … 128
나원역 | 다시 가야 할 역으로 … 132
청령역 | 팻말만 덩그러니 남은 … 138
서경주역 | 그 날의 그 모습도 … 142
안강역 | 역사(歷史)를 전하는 역(驛)으로 … 146
사방역 | 몰래 보는 맛 … 152

포항 경주선

포항역 | 영광이 사라진 역 … 158
효자역 | 철로변 산책길 … 164

태백・정선선

추전역 | 하늘 아래 첫 역 … 168
고한역 | 고한역의 마을 읽기 … 174
별어곡역 | 눈물의 골짜기 … 180
민둥산역 | 아라리 곡조 … 186
정선역 | 머물고 싶은 역 … 190
선평역 | 사람을 닮은 돌이 서 있는 마을 … 196
나전역 | 모래시계의 역 … 200
아우라지역 | 풍경이 된 사랑 노래 … 204
구절리역 | 레일바이크로 태어난 역 … 208
영월역 | 역사(驛舍)의 소명 … 212

영동선・철암선(봉화 방면)

양원역 | 최초의 민자역사 … 218
승부역 | 세평의 하늘을 보며 … 226
분천역 | 산타 마을이 된 역 … 232
비동역 | 비동역으로 간다 … 238
춘양역 | 억지 춘양역 … 244
봉성역 | 고양이가 지키는 역 … 248
법전역 | 법대로 하고 있다고요 … 252

봉화역 | 대갓집 안방마님이 되어 … 256
문단역 | 나도 아메리카노 … 260
임기역 | 어르신의 바람 … 264

가은선

가은역 | 비가 온다고 했다 … 270
구랑리역 | 자전거 철로로 남아 있는 … 276
진남역 | 선비 이야기 여행 … 278
불정역 | 녹색의 장원이 되어 … 282
주평역 | 내 발자국을 찾아 … 288
점촌역 | 승하차장에 내린 사람들 … 294

영동선 · 중앙선

가슴에 구둔역이라는 이름표를 달고 | **구둔역**
추억은 가고 현재는 남는다 | **석불역**
소소하고 확실한 행복 | **판대역**
아름다운 선택 | **능내역**
상상과 현실 | **반곡역**
레일파크에 몸을 내어주고 | **간현역**
영혼도 호흡을 멈춘 역 | **신림역**

가슴에 구둔역이라는 이름표를 달고

구둔역

'기차가 서지 않는 간이역에 키 작은 소나무 하나' 누가 불렀는지 기억나지 않는 꽤 오래된 노래 한 구절이다. 간이역을 여행하겠다고 마음먹으면서 다 알지도 못하는 가사가 머릿속을 맴돈다.

두 시간 이상을 달려 도착한 구둔역은 고즈넉하다. 아직 아침 볕이 산을 넘지 못했는지 딸을 내어놓는다는 부드러운 가을볕이 내려오진 않았다. 이른 아침이라 혹시나 하는 두려움은 역에 도착하자마자 눈 녹듯이 사라졌다. 자그맣고 소박한 모습의 역사가 내 마음에 따스하게 스며들었다.

일제 강점기에 세워졌다는 역사는 하얀색 벽에 초록 지붕이다. 지금은 많이 퇴색하였다. 그 당시에는 아마도 동네서 제일 좋은 집이었을 것이다. 그 모습을 카메라에 담았다. 슬며시 뒤뜰로 나가본다. 수령이 500년이 되었다는 향나무와 은행나무, 느티나무가 오래된 역사의 이야기를 알고 있다는 표정으로 반가이 맞아준다. 산을 넘은 바람이 역사의 머리 위로 햇살을 실어 나른다. 때 이른 추위에 얼었던 잎사귀가 귀를 열어 새소리를 끌어들인다. 앞모습을 닮은 역사의 뒤쪽 지붕, 그 앞에 놓인 네 개의 의자가 나를 유혹한다. 아마도 내 카메라에 담기고 싶은 마음을 전하고 싶어서일 거다.

아직은 남아 있는 녹슨 철로를 건넜다. 아침 볕이 조금 더 얼굴을 들어 올리니 추위에 떨던 역사가 맑은 웃음을 웃어 보인다. 녹슨 철길에 놓인 두 량의 열차, 가슴에 구둔역이라는 이름표를 크게 달고 있다. 운행 당시부터 붙어 있던 것인지 후에 관광용으

로 붙여 놓았는지 알 수 없지만, 그 이름표 하나로 두 량의 열차는 제 역할을, 해야 할 일을 정확히 알고 있다는 표정이다.

이제는 기차가 서지 않는 간이역, 경기도 양평군 지평면(양평군 구둔역길 8)의 구둔역은 하물며 기차가 지나가지도 않는다. 일제 강점기인 1940년 4월 보통 역으로 시작해서 2012년 중앙선 복선전철화로 더는 기차가 다니지 않는 폐역이 되었다. 그나마 다행인 것은 역사(驛舍)가 등록문화재로 지정되었고, 건축학개론, 메모리스트 등의 영화 촬영지여서 사람들의 관심이 꽤 남아 있는 곳이다.

구둔 마을은 예로부터 군사적 요충지였다고 한다. '구둔(九屯)'이라는 이름이 임진왜란 당시 왜군을 물리치기 위해 아홉 개의 진지를 마을 산에 설치한 데서 유래되었다고 한다. 전란 때마다 격전의 현장이었으며, 한국전쟁 당시 마을이 폐허가 됐을 때도 구둔역만은 허물지 않고 남았다고 하니 구둔역이 마을의 역사를 고스란히 알고 있는 셈이다.

옛 모습 그대로를 간직하고 있는 역사에는 매표창구, 낡은 의자, 열차 시간표, 운임표 등이 그대로 붙어 있다.

아침 볕이 막 철로로 떨어지기 시작한다. 볕을 받은 철로가 생기를 띤다. 마을 사람들이 건넜을 침목 길을 건넜다. 기차가 다닐 때 냈던 '땡땡땡' 하는 신호음이 들리는 듯하다. 좁은 마을 길로 들어서자 요즘 대세 아이돌 BTS가 머물다 간 펜션이라는 배너가 의기양양하게 서 있다. 세기의 아이돌인 그들이 철로를 걷는 사진까지 붙여 놓으니 폐역이라는 멍에를 쓴 외로운 역이 날아오를 날 머지않은 것이 아닌가 싶은 생각에 안쓰러운 마음을 조금은 내려놓을 수 있었다. 거기에 더하여 아침 일찍 들어온 두 사람의 방문객이 철로를 걸으며 사진을 찍기도 하고 밝은 웃음을 웃으며 내 사진의 모델이 되어 준다. 물론 허락받지 않고 찍었음을 밝힌다. 몰래 찍는 재미도 쏠쏠하다.

촬영을 마치고 나오던 중 역사에서 일하는 분을 만났다. 그곳에는 해설사와 관리하는 사람 둘, 세 명의 직원이 있다고 한다. 예전에는 구둔 마을이 인근에서는 제일 큰 마을이어서 역사도 크고 사람들도 많이 살았다고 한다. 사람들이 모두 도시로 떠나면서 지금은 100여 명의 주민만 남아 있다며 아쉬운 얼굴이다.

　50여 년 동안 대한민국의 엄청난 발전은 구둔 마을에 별로 도움이 되지 않았을지도 모른다. 중앙선 복선전철화가 진행되면서 빠르고 곧은 길을 바라는 사람들의 열망과 보상 문제가 대두되자 사람들은 쉬운 길을 택했다. 민원을 일으키는 옛 마을을 지나는 경로를 버리고 터널을 뚫고 고가를 놓아 민원을 비켜 가는 시공으로 많은 폐역이 생겼다. 하여 마을은 고립되고 새로운 길에 열광한 자동차는 빙글빙글 돌아가는 옛길을 버리고 쭉 뻗은 고속철도와 고속도로로 달리게 되었다. 기차가 서던 시골 마을은 기차가 끊기자 점점 더 낙후되어 가고 사람들은 마을을 떠나버렸다.
　오늘 나는 느림을 즐기기 위해 예스러움을 찾아 나선 길이다.

그 첫 방문지 구둔역은 영화 촬영지, BTS의 방문 등 여러 가지 스토리를 가지고 있다. 100억 원의 예산을 들여 관광지로 개발할 예정이라며 좋아하는 관리인 아저씨가 환한 얼굴로 자랑을 늘어놓는다. 정말 다행이라며 맞장구를 치면서도 한편 걱정이 앞서는 건 웬일인지 모르겠다. 그래도 다행이다. 다른 역처럼 아무도 거들떠보지 않고 방치된 폐역의 신세가 되지 않고 어떤 방식으로든 존속하게 되었다니 기쁜 일이다. 구둔역에서 매곡역, 양동역에 이르는 14.9km의 구둔 고갯길도 조성되어 도보 여행을 즐길 수 있다. 이제는 조금 느리게 살아도 될 것 같은 아날로그 감성의 느린 여행을 위하여 폐역이 보존되기를 바란다.

역을 나서면 새로운 역인 일신역이 보인다. 불과 수백 미터 인근이다. '수필가가 하는 북카페'라는 광고 배너 안내를 따라가 보았다. 아름다운 꽃과 나무가 있는 정원을 가진 '하늘빛 목화밭'이란 북카페는 수필가인 작가가 주인이다. 새벽길을 나서서 몸이 얼어 있는 상황, 첫 손님이라며 뜨끈하게 덥혀 놓은 황토방으로 안내해 준다. 따끈한 차 한 잔에 창문으로 들어오는 따사로운 볕에 온몸이 따뜻해진다.

일제 강점기부터 80여 년 동안 구둔 마을과 인근 주민들의 애환을 지켜본 폐역 구둔역이 다시 태어날 모습을 기다려 보기로 한다. 다시 올 봄날에 구둔역의 역사(歷史)와 더불어 힐링의 공간으로 거듭나길 기대해 본다.

2021. 10. 22.

추억은 가고 현재는 남는다

석불역

석불역의 방문은 두 번째이다. 구둔역 방문 시 폐역으로 가는 걸 생각하지 못해서다. 사진 정리를 하면서 폐역 방문을 잊은 걸 알았다. 머리가 나쁘면 몸이 고생한다며 우스개처럼 얘기하던 지난날의 내가 생각났다. 지금 생각해 보면 참 듣는 이 입장에선 어이없는 표현이었을 텐데 별생각 없이 내뱉은 기억에 나에게마저 부끄럽다.

석불역은 능내역에서 39km가량 떨어져 있다. 내비게이션에 폐역으로 데려다 달라고 부탁했는데 다시 신역이다. 물론 내비게이션의 잘못은 아니다. 혼잣말해대는 그녀를 제대로 대우해 주지 않은 내 탓이다. 가끔은 실수가 행운을 주기도 한다.

지난번 신역 방문 때는 사람의 그림자도 얼씬하지 않은 듯 보였던 역사 안에 사람이 있었다. 하루에 겨우 상·하행 두 번 정차하는 역에 사람이 상주할 수 없으니 청소만 간단히 한 후 열차 시간에 맞춰 역에 나와서 기차표를 발행한다며 외지인의 방문에 반가운 기색이 역력하다. 간이역 기행을 연재하고 있다는 인사에 친절히 안내해 준다. 안내라고 해 봐야 빨간 지붕에 청색으로 치장한 조그만 신역사가 전부이니 참 간단했다. 폐역의 위치를 묻자 친절히 안내해 주며 자기 전화번호까지 알려주었다. 마을에서 폐역의 보전이나 개발에 대해 여러 차례 논의가 있었으나 의견의 일치를 보지 못해 지지부진한 사이 폐역은 빠르게 낡아가고 있다며 안타깝다고 전한다.

석불역 폐역은 경기도 양평군 지평면 망미리 산 75-1에, 신역

은 망미리 1319-2번지에 있다. 인근의 다른 역처럼 구역을 사용하지 않고 신역을 개설하여 600여 미터 떨어진 폐역은 논밭이 내려다보이는 산허리에 외롭게 서 있다. 지평역과 구둔역 사이에 있고, 1967년 보통 역으로 영업을 시작했다. 2001년 신호장으로 격하되었으며, 2008년 무배치 간이역으로 변경되었다. 현재는 기차가 다니지 않는 폐역으로 철길도 모두 없어졌다. 2012년 역사가 이설되어 폐역이 된 이후에도 예스러움을 찾는 사람들이 이따금 찾아온다고 한다.

역명의 유래는 참 소박하다. 역이 위치한 망미리(望彌里)는 미륵을 바라본다는 의미라고 한다. 월산저수지를 지나 중앙선 복선 전철 터널이 있는 야산에 3미터 남짓에 음각과 양각으로 조각된 미륵 두 개가 있다. 고려 시대의 것으로 추정되는 미륵불은 앳된 소녀의 얼굴을 하고 있다[1]. 그 석불 덕에 역명이 되었으니 그 이야기라도 적어 놓았다면 소소한 재미가 있었을 텐데 하는 아쉬움이 남았다.

처음 진입로를 잘 못 들어가 논밭 사이로 가려니 자동차가 곡선 반경이 좁아 하마터면 논밭으로 굴러떨어질 뻔했다. 자동차가 없던 시절이라 그 길을 사용했던 모양이라는 내 예측은 보기 좋게 빗나갔다. 길을 잘못 들어선 탓이다. 요즘 시골의 모습을 우습게 본 거다. 집집마다 자동차가 있다는 생각을 못 한 탓이다. 시골 마을이 다 그렇듯 활기가 없어 보인다. 간간이 보이는 좋은 집

---

[1] 양평군 블로그 '양평톡톡' 참고

들은 도시 사람들의 세컨 하우스인지 잘 관리되고 있었지만, 예의 북적거리던 시골 마을의 풍경도 아이들도 찾아볼 수 없다. 철로도 걷어버린 폐역의 뒤편은 넓은 공터가 자리 잡고 있다. 인근 사람들이 주차 공간으로 사용하고 있는지 철로에 깔렸던 자갈이 그대로 있고 자동차 주차 흔적이 여럿이다. 정오 무렵 겨울 햇살이 따사롭다.

촬영을 마치고 자동차에 기대어 차를 마셨다. 마치 서부 영화의 그 여자들처럼 모자도 삐딱하게 쓰고. 멀지 않은 곳에 큰 카페와 레스토랑이 있지만, 문이 닫혀있다. 코로나 여파일까? 주인이 없으니 물어볼 수도 없다. 전화번호가 있지만 남의 아픈 사연을 전화까지 하며 묻기엔 내키지 않은 일이니, 궁금증은 참기로 한다. 오늘은 그저 준비해 간 커피와 간식을 야생의 들에서 즐기는 것으로 만족하리라.

잠겨 있는 역사의 옆문으로 기어오르던 잡풀이 겨울이 되자 모두 삭정이가 되었다. 눈이 쌓이고 삭풍이 불어와도 사람들이 걸어 내지만 않는다면 그곳에도 새순이 돋고 꽃이 피어 소박한 아름다움을 만들어 갈 것이다. 이 잡풀처럼 어우러져 마을 사람들의 마음도 한데 모아 폐역의 아름답던 모습을 다시 찾을 수 있으면 좋을 텐데. 너른마당을 안고 있으니 아름다운 봄날의 추억 카페나 갤러리도 좋을 것 같다. 나라도 나서 볼까?

신역의 독특한 모습이 지나는 길손들의 포토존 역할을 하고 있다니 그도 괜찮다. 폐역인 석불역의 추억은 가고 신역이 마치 옛 사진관 건물처럼 현재로 남아 있으니 그들의 협업은 어떨까? 신역에서 내려 걸어서 5분 정도의 거리인 폐역의 앞날을 기대해 보자.

폐 역사의 언덕에서 내려다보이는 좁고 굽이진 길을 달려오던 서울 가는 언니 오빠의 숨찬 모습 위로 기차 소리가 들리는 듯하다.

2021. 12. 27.

소소하고 확실한 행복

판대역

오늘의 촬영 예정지 마지막 코스이다.

춥게 느껴졌던 아침과 다르게 해가 서쪽으로 기울기 시작한 농촌의 들과 산엔 따사로운 볕이 내리쪼이니 잔뜩 움츠렸던 등이 저절로 펴진다. 새벽길을 나선 우리는 점심때가 훨씬 지났지만, 아직도 아침 식사 전이다. 간식거리를 주섬주섬 챙겨 먹긴 하였지만, 등과 배가 일체가 되어가고 있었다. 나이가 들어 반갑지도 않은 뱃살이 늘어 있으니 남 보기에 불쌍해 보이지는 않아 다행이라면 다행이다. 사실 그리 배고프게 느껴지지 않더라도 끼니때가 지나면 무언가 자꾸 허전한 생각이 드는 것은 정해진 대로 살아온 날들이 기억해 둔 몸의 기억 탓일 거다.

동행인 K가 컵라면을 사자며 편의점에 내렸다. 사발면 두 개를 사고 판대역으로 향한다. 서울에서 90여 킬로쯤 떨어진 곳이니 교통만 편하다면 서울 생활권이라 해도 좋은 곳이다. 인근에 중앙고속도로의 동양평 나들목이 있으니 자동차 생활권이 된 가까운 곳이라 해도 무리하지 않다.

역명인 판대(判垈)는 원주시 지정면 판대리에서 비롯되었다고 한다. 1908년 강원도 판대리가 경기도 양평군 삼산리에 편입되었다. 1965년 경기도 양평군 삼산리여서 삼산역이라 하려 했으나 장항선의 삼산역과 중복되자 할 수 없이 판대리 지명을 따서 판대역이라고 하게 되었다고 한다. 2006년 폐역이 되었고 2011년 12월 21일부로 중앙선 복선전철화가 이루어지면서 신역은 삼산역이 되었고 폐역에서 약 200m 떨어진 곳에 개통되었다.

구역인 폐 간이역 판대역(경기도 양동면 삼산리 산 86-4)은 중앙선 이설 전까지 사용되었던 폐역이다. 우리가 도착했을 때 역사에는 서쪽으로 기울기 시작한 겨울 햇살이 마치 봄처럼 따사로웠다. 관리가 전혀 되고 있지 않은 역사(驛舍)는 비스듬해진 볕에 몸을 내어 주고 깨어진 유리창 안으로 한껏 따사로운 볕을 받아들이고 있었다. 추운 겨울을 견뎌내야 하는 역사가 조금이라도 더 볕을 쪼이고 싶은 마음이라 제멋대로 읽는다.

입구는 이미 덤불이 차지하고 있으니 역사 마당으로 들어가다 자동차가 바짝 마른 나뭇가지에 다 긁힐 것이 뻔하다. 역사 마당을 오르는 가파른 언덕에 차를 세우고 카메라와 삼각대를 들었다. 강기슭에 올라앉은 역사는 봄이나 가을이면 참 아름다웠겠다. 봄이면 강가로, 물가로 잡풀과 꽃이 필 것이고 가을이면 무질서한 듯 아무렇게나 자란 나무에 단풍이 들어 휘황할 것이다. 하얗게 핀 갈대꽃이 반짝이며 그네들만의 질서로 화답할 것이니 상상만으로도 가꾸지 않은 자연미에 벌써 감탄한다.

지붕 위로 햇살을 가득 담은 역사(驛舍)가 무성한 잡풀에 쌓여 외로이 서 있는 모습도 그 나름의 매력이라 카메라에 담긴다. 다른 폐역보다 더 을씨년스러운 모습이긴 해도 아직 철로도 놓여 있어 눈 오는 날이나, 새순이 막 돋아나기 시작한 이른 봄에 다시 오면 그곳만의 풍경을 담을 수도 있겠다며 동료와 눈을 맞춘다.

동네 사람들이겠지만 누군가가 작은 농사를 짓기도 하고, 철로를 건너면 나도 '여기에 있었다오' 하며 얼굴을 내미는 조그만 하얀 집도 누군가의 삶의 흔적으로 남아 있다. 누군가 일궈 놓은 조그만 농장도 겨울엔 쉬는 모양이다. 농장 앞 작은 오솔길을 지나 자동차 앞으로 내려왔다. 강아지가 살던 작은 집도 덩그러니 집만 남아 있다. 오후 3시가 넘어서야 먹는 첫 끼는 김치도 없는 사발면이다. '시장이 반찬'이란 말이 딱 어울리는 시간이다. 맛이 최고일 수밖에.

서울로 향하는 자동차 안에서 단둘이 처음 동행한 K와의 소박한 이야기가 이어진다.

아침 일찍 나선 길에 능내역, 석불역, 그리고 이곳 판대역까지 이어지는 구불거리는 국도를 따라 겨울의 찬 서리도 만나고 찬바람도, 시린 하늘도 같이 느끼며 카메라 파인더로 보이는 세상에서 그녀와 나만의 느끼는 공감대를 나눈다.

이런 것을 가리켜 요즘 아이들 말로 '소확행'이라 할 것이다.

2021. 12. 17.

아름다운 선택

능내역

능내역 출사를 앞두고 겨울 날씨답지 않게 영상을 웃돌던 날씨가 갑자기 추워졌다. 같이 가겠다던 K가 추위를 너무 싫어한다는 걸 알면서도 모른 척 그냥 나섰다. 그만큼 이번 출사가 정말 가고 싶었기 때문이다.

서울에 온 후 줄곧 우리 세대의 기억 속에 데이트 코스로 남아 있는 예쁜 이름을 가진 능내역에 관한 관심이 컸기 때문이다. 청량리역에서 165번(?)인가, 번호가 정확히 기억나진 않는다. 그 버스를 타면 가는 곳으로 자동차는 재벌이나 가지는 것으로 알았던 그때 추억 속에 남아 있는 곳이다. 가 보지도 못했던 그 역이 새삼 마음에 남는 건 남자친구와 가기로 한 날 억수같이 쏟아지는 비 때문에 포기했던 기억이 남아 있어서다. 그날 추억을 함께했더라면 헤어지지 않았을까? 알 수도 없고 지금은 의미도 없는 일이다.

여덟 시 반쯤 도착한 역은 햇살이 막 산을 넘고 있었다. 한적한 주차장에 차를 세우고 친구가 준비한 따끈하고 쌉싸름한 커피 한 잔으로 마음을 덥혔다. 철로변에서 햇살이 밝게 웃는다. 중국산 미세먼지도 뒷걸음질한 하늘엔 아이가 그려 넣었음 직한 뭉게구름이 해맑다. 역사(驛舍)의 머리 위로 눈웃음을 웃으며 슬몃슬몃 내려앉는 햇살과 더불어 고고한 모습의 역사를 카메라에, 마음에 담는다.

능내역은 남양주시 조안면 능내리, 팔당역과 양수역 사이의 중앙선 철도역이다. 1939년 중앙선 철도가 개통되었을 당시 능내역은 만들어지지 않았다. 해방 후 1956년 중앙선 철도가 개통되면서 능내역이 새로 생겼다. 역장 없는 간이역이었다가 1967년 보통 역으로 승격되었다. 역 주변으로 다산 유적지, 양근성지, 마재성지, 두물머리 등 명소들이 많아 수도권 사람들이 많이 찾았기 때문인 것 같다는 설명이다. 2008년 '경의·중앙선'이 개통되면서 능내역은 폐역이 되었다. 팔당에서 직선으로 가는 운길산역이 생겼기 때문이다. 양수리까지 운행 시간이 단축되었긴 하지만 한강변을 돌아 나가는 아름다운 풍경을 볼 기회는 사라진 셈이다. 빠름을 택한 아쉬운 선택이라 평한다면 한가한 소리가 되고 말려나?

이제 폐역이 되어 낡아가고 있는 모습이 아쉽다. 다행히 역 건물을 약간 리모델링 하여 관광 쉼터와 추억 이야기로 꾸며 놓아 그나마 레트로 감성을 즐기는 이들이 찾는 명소가 되어 가고 있는 듯하여 조금 안심이 된다. 아니다, 이 상태가 지나친 관심으로 원래의 역을 훼손하는 것보다는 나을 수 있을지도 모른다. 팔당에서 양평에 이르는 자전거 원거리 라이딩 코스의 중간 기착지로 자전거 역의 역할을 하는 셈이니 요즘도 여전히 연인, 가족들의 추억여행 코스로 주목받고 있다.[2]

오래된 역사의 유리창을 살포시 넘어온 햇살이 역사 안으로 들어와 하얀 벽에 기대고 있는 의자에 걸터앉는다. 내 나이쯤 되었음 직한 아이들의 사진이 시선을 잡는다. 역사가 1956년생이라니 나랑 동갑내기다. 그 사진 속의 아이들도 동갑내기인지도 모른다.

---

[2] 능내역에 설치된 제3길 정약용 길 안내판 참조

키 작은 동생을 데리고 서 있는 두 여자아이는 자매일까? 맹꽁이 운동화를 신고 역사를 배경으로 찍은 오누이(?), 철로변에 용감한 모습으로 서 있는 사내아이는 누굴까? 아마도 지금 그 역에 올 수 있는 내 나이 또래의 누군가일 것이라는 생각에 잠깐 어느 기차에서 스쳐 지나갔던 기타를 둘러멘 누군가일 수도 있겠다고 생각해 보았다. 열차 내에서 역무원에게 승차권을 사라는 안내판 위에 걸린 역장의 사진은 마치 옛 영화를 보는 듯 웃음 짓게 한다.

폐열차를 세워 놓고 만들어진 카페, 코로나19 때문인지, 너무 이른 시간이어서인지 아직은 문이 닫혀있다. 문틈으로 엿본 아기자기한 모습에 혼자 미소 짓는다. 그곳만의 커피 맛 한 자락 아쉬움으로 남겨놓는다.

커다란 고목나무 밑에 서 있는 자전거 몇 대가 햇살에 반짝인다. 자전거 길이 된 이곳의 특징이 한눈에 보인다. 하얀 구름을 향해 나는 듯 서 있는 자전거를 카메라에 담았다. 이곳저곳이 자전거 보관소가 된 모습이 한강 변을 따라 자전거 하이킹을 즐기는 이들의 명소가 되어 가는 듯하다. 빨강 공중전화 부스 안에는 인증스탬프가 준비되어 있기도 하니 이제 능내역은 이 길을 지나는 자전거랑 살아가고 있는 셈인가 싶다. 둘 또는 셋이 탈 수 있는 빨강, 노랑 자전거에 탄 연인, 가족의 자전거 하이킹 모습을 연상하며 능내역의 아침을 마친다.
　자전거 길이 된 능내역의 선택을 칭찬해 줘야 할 것 같다. 능내역의 소박한 꿈을 이룰 수 있도록.
　다음 간이역을 향해 액셀러레이터를 밟는다.

상상과 현실

반곡역

설날 아침, 창밖엔 눈이 소복이 쌓였다. 코로나 덕에 고향 가는 길도 여전히 자유롭지 못하다. 차례상을 차리지 않을 수 없는 어머니의 마음 밭은 오늘도 여전히 분주하다. 공들여 차려 놓은 음식을 그릇에 담는 일을 잠깐 멈추고 베란다 창을 여니 찬 공기가 후다닥 밀고 들어온다. 밤새 내린 눈으로 마당이 온통 하얗다.

간이역을 상상한다. 눈 내린 간이역, 한적한 역 마당에 하얗게 쌓였을 눈을 생각한다. 수십 년 역사(歷史)를 이고 있는 박공지붕에 얌전히 내려앉은 눈을 그림으로 그려본다. 기와의 골을 타고 소복이 쌓인 눈이 가래떡보다 더 하얗다. 눈 내리는 길을 달려가고 싶은 마음을 지그시 누른다. 왜일까? 혼자 나서는 게 어느 날부터인지 무서워져 가는 중이다. 그저 상상한다. 하얗게 눈 덮인 간이역을. 녹슨 철로에 내려앉은 눈을 뽀드득거리며 밟고 있는 내 모습을.

눈이 내리고 3일이 지났다. 소금 세례를 받은 도로에는 흔적도 없지만, 학교 운동장엔 아직도 눈이 하얗게 남아 있다. 종일 볕이 드는 운동장에도 여전히 눈이 남아 있으니 시골의 간이역에는 하나도 녹지 않았을 것으로 생각했다.

카메라 가방을 메고 영하 10여 도의 맹추위가 이어지고 있는 간이역으로 단단히 무장하고 나섰다. 시간 반을 달려 도착한 간현역이다. 널따란 주차장 구석진 응달에 부끄러운 듯 몸을 숨긴 채 먼지를 쓰고 있는 눈이 수줍게 웃는다. 이게 뭐람. 왜 이래? 카메라를 들고 역사(驛舍) 앞으로 갔다. 거기도 그 모양이다.

　다음 역인 반곡역으로 갔다. 새로 조성된 원주혁신도시답게 고층빌딩이 즐비한 곳을 빠져나와 자그마한 전원주택지를 지나니 반곡역이다. 주택단지와 불과 삼사백 미터 떨어져 있는 반곡역 마당엔 눈이 하얗게 남아 있었다. 81년 동안 매년 눈 내림을 겪어온 박공지붕이 응달진 구석에 정성으로 보듬고 있는 약간의 눈, 그것마저 없었다면 정말 주저앉고 말았을 거다. 카메라를 들어 눈 쌓인 역 마당을 넣고 반곡역의 눈 덮인 풍경을 찍었다. 이것으로 멀리 있는 길을 눈 덮인 상상으로 달려온 체면치레는 한 것으로 하자고 마음을 정한다.
　간이역인 반곡역은 원주시 반곡동 달마중 3길 30에 있다. 1941

년에 보통 역으로 영업을 개시했다. 중앙선의 다른 역과 마찬가지로 일제 강점기 광산, 농산, 임산 개발과 수탈을 목적으로 개설되었다. 책을 엎어 놓은 모양의 박공지붕으로 철로 쪽 지붕은 주 지붕의 처마를 연장하여 눈비를 피하도록 지어졌다. 6·25전쟁 당시 북한군이 장악했던 격전의 현장이기도 하다.

대기실은 현재 철도 역사(歷史)를 담은 미술갤러리로 탈바꿈하여 시민들의 호응을 얻고 있다. 드라마의 배경이 되기도 했고, 2005년 4월 등록문화재 165호로 지정되었다. 강원도 원주혁신도시가 생기면서 2014년 다시 여객 운송이 재개되었으나, 2020년 12월 말에 중앙선 제천·서원주간 복선전철화 사업이 완료되어 2021년 1월 5일 폐역이 되었다.

아름다운 모습을 한 반곡역에서는 2019년 7월 골목 콘서트가 열리기도 하여 지역 시민들의 문화마당 역할을 하기도 하였으나, 코로나 등의 영향인지 지금은 역사(驛舍)의 문이 굳게 닫혀있다. 주변에는 치악산 비로봉, 구룡사 등의 원주 팔경과 옛길 걷기 코스, 박경리 문학관, 원주 구비길, 치악산 둘레길 등 다양한 원주의 정취와 멋을 즐길 수 있다.

눈 쌓인 역사(驛舍)는 아니어도 눈 쌓인 마당과 역사를 찍은 후 철로변으로 나가보았다. 커다란 소나무 몇 그루가 멋있는 자태로 서 있다. 곧게 뻗은 철로를 건너려다 경고문을 보고 말았다. 무단으로 들어가면 벌금이 천만 원, 두 사람이니 잘못하면 이천만 원짜리 벌금이 기다리고 있는 셈이다. 잠시 두리번거려 보았다. 이

시간에 여기 올 사람 우리뿐이란 걸 우린 너무 잘 안다. 더구나 기차도 다니지 않은 철로는 위험 따윈 존재하지 않는다는 걸 이미 잘 알아버린 게 잘못이라면 잘못이다. 투박한 등산화까지 신은 발은 저절로 저벅대는 소리를 낸다. 철로변으로 쏟아지는 햇살을 카메라에 담는다. 박공지붕 한구석에 숨어 있을 수밖에 없었던 눈 무더기의 두려움은 이 햇살 때문이다. 그나마 다행으로 응달진 그곳에 숨어 날 기다려주었으니 얼마나 감사한 일인가 하고 감탄해야 할 수밖에.

　세상은 이래서 공평한 거다. 구름 가득 낀 하늘이 눈구름을 만들어 온 산야에 솜사탕처럼 내리는 날엔 기온이 좀 오른다. 눈 내리는 모습을 충분히 즐기게 하기 위한 배려이리라. 반면 오늘처럼 추운 날에 봄처럼 따사로운 햇살로 박공지붕의 눈 덮인 곳을 비추고 잔뜩 움츠러들었던 철로변을 비춘다. 굽은 어깨를 펴듯 철로가 길게 드러누워 햇살을 즐긴다. 이 공평한 자연의 섭리, 창조주의 배려 탓에 오늘 내 카메라에 담기지 못한 눈 덮인 간이역 사진은 훗날을 기약할 수밖에.

일행인 K가 말한다. 눈 예보가 내리면 전날 인근에 숙박하고 눈 내리는 그때를 담아야 적당히 눈 덮인 역사와 철로를 찍을 수 있을 거라고. 꼭 눈 내리는 간이역이 보고 싶다면, 찍고 싶다면 그래야 할 것 같다. 무언가를 얻으려면 그만큼의 수고로움이 있어야 함은 당연한 이치임을 알면서도 가끔은 거저 얻어지기를 바란다. 아직도 설익은 내 성정 탓이다. 해서 다른 이들은 며칠 밤낮을 텐트에서 차에서 기다리거나 폭설을 뚫고 달려오기도 한다. 하니 나는 오늘을 아쉬워하거나 서러워할 자격이 없는 셈이다.

며칠 전부터 눈 덮인 간이역을 상상하며 달려온 간이역 사진은 반곡역 마당에 하얗게 남아있는, 박공지붕 한구석에 숨죽이며 나를 기다려준 모습으로 만족해야 했다. 이 사진으로 상상과 현실 사이의 타협점이라 여기며 카메라 셔터를 누른다.

철로변 무성한 덤불을 헤집고 수줍게 코끝을 내민 초록빛 새순이 어느새 봄이 옴을 알린다.

2022. 2. 4.

레일파크에 몸을 내어주고

간현역

폐역인 간현역으로 갔다.

눈이 온 지 며칠 지나지 않아 오래된 역사나 철로에 눈이 많이 쌓였으리라 생각했던 건 어이없는 착각이었다. 하긴 봄처럼 따사로운 햇살이 역사의 지붕으로, 철로로 쏟아지는 날이니 눈인들 녹지 않을 재간이 없었을 것이다.

간현역은 중앙선 기차역으로 판대역과 동화역 사이에 있으며 강원도 원주시 지정면에 있다. 1940년 4월 1일 보통 역으로 개통되었다. 2006년 화물취급을 중단하였으며, 현재 역사는 1958년 8월에 신축되었다. 덕소역에서 원주역 구간 중앙선 복선 전철화 사업으로 2011년 폐역이 된 후 원주 레일바이크가 놓이면서 부활한 역이다. 간현역에서 풍경 열차를 타고 7.8킬로 떨어진 판대역으로 이동한 후 레일바이크를 타고 돌아오는 레일바이크 코스는 경사가 거의 없어 힘들지 않게 이용할 수 있다. 아름다운 하천을 따라 풍광이 아름답게 펼쳐지고 소금산 협곡을 연결한 짜릿한 소금산 출렁다리를 볼 수 있다.

간현관광지는 섬강의 지류인 삼산천이 작은 금강에 비유되는 소금산을 휘감아 도는 곳으로 오래전부터 관광명소로 유명하다. 2018년 깎아지른 협곡을 이용한 공중산책로와 출렁다리를 설치하여 전국적으로 주목받는 곳이 되었다.

기차가 지나는 철로변 다리 밑 계곡은 물이 좋기로 유명하여 여름철 물놀이를 즐길 수 있고 물고기잡이 놀이에도 좋다. 서울에 한 시간 남짓 거리여서인지 평일인데도 사람들이 줄 서 있다.

　봄을 재촉하는 겨울 햇살이 역사의 지붕 위로 무수히 쏟아진다. 지붕 위의 눈 따위는 존재할 수 없다. 응달진 마당에 숨어 있는 약간의 눈과 철로변을 간신히 붙들고 버티고 있는 눈이 애처롭다. 그나마 기온이 영하이니 간신히 버티고 있는 셈이다. 하긴 명절이 지났으니 눈 밑 땅속에서 호시탐탐 봄기운을 올리고 싶어 안달인 봄의 전령사들이 난리일 것이니 눈인들 견디어 낼 재간이 없었을 것이다.
　폐역이 된 후 풍경 열차라는 이름으로 명찰을 갈아 끼우고 레일바이크를 끌고 다닌다는 조그만 기차가 막 떠났다. 철로에서 다음 고객을 기다리는 레일바이크의 머리에도 햇살에 심장을 내어

놓은 눈 한소끔 애처롭게 버티고 있어 카메라에 담는다. 아직 마지막 눈은 아니겠지만, 최후의 인생인 듯 버티고 있는 눈을 카메라에 담아줬으니 고마워할까? 아니 짜증을 낼지도 모른다. 하얗게 빛나던 제 모습을 잃어버린 초라함을 보이고 싶지 않을 수도 있으니까.

역사를 나와 마을로 가 보았다. 마을의 도로 양편에는 상가가 제법 번듯하다. 간현관광지가 개발되면서 재정비가 되어서이기도 하고, 레일바이크를 좋아하는 젊은이들이 유입되어서일 것이다. 식당, 카페 등 제법 젊은 감성을 입힌 상가가 조성되어 있다. 마을 안길로 들어가 보았다. 마을의 규모나 조성된 모양으로 보아 꽤 넉넉한 살림을 하는 마을로 보였다. 걷고 있는 우리네 마음도 넉넉해진다.

마을 길을 걷다 보니 제법 큰 폐건물이 흉물스럽게 서 있다. 주민의 말에 의하면 예전에 공업학교였다는데 민간이 매입한 후 방치하고 있다고 한다. 지금의 원주공업고등학교 전신인지는 알 수 없으나 연세가 드신 그분이 보아온 곳이니 공업학교임은 분명할 터이다. 하긴 육칠십년대 지방에는 공업 전수학교라는 형태의 학교도 많이 있었다.

정규학교에 진학하기 어려운 형편의 아이들이 야간에 학교에서 기술을 배우곤 했다. 낮에는 들일을 하고 밤에 기술을 배우는 방식이다. 이들이 오늘날 우리나라 기술 강국의 토대가 되었음을 두말할 것도 없다. 30여 년의 급속한 성장으로 고급화된 기술을 요

구하는 시대가 되었으니 이런 류의 공업학교가 무용지물이 되어 폐건물로 유령처럼 서 있는 신세가 되지 않았을까 싶다.

　마을을 돌아 나오며 울타리 벽에 올라탄 고양이 한 마리가 벽화에 그려진 고양이 그림과 한 가족이 된 듯 보여 카메라에 담았다. 폐건물의 처마에 매달린 고드름이 처연히 웃는다. 창을 헤집고 들어온 햇살이 폐허가 된 교실 바닥을 비춘다. 겨우내 얼어붙었던 그곳에도 곧 봄이 되면 교실 바닥을 비집고 파란 싹이 돋을 것이니 어딘들 봄이 오는 것은 숙명이다.

　폐역의 철로변에 푸른 싹이 돋아나고 역 마당에 애써 버티고 있는 나무 끝에 새순이 돋을 준비를 한다. 꽃이 피기 시작하면 나도 풍경 열차에 매달린 레일바이크를 타고 잡풀이 무성했던 판대역을 다시 한번 가 보리라. 판대역 삼산천의 맑은 물에 손을 담그자. 천변에 지천인 갈대의 푸른 손짓에 화답해주고, 소금산 출렁다리를 건너며 아슬아슬한 간현역의 봄을 느껴 보면 좋을 것 같다.

　폐역인 간현역은 이제 간현관광지 레일 파크에 몸을 내어주고 활기차게 살아가고 있다.

2022. 2. 4.

영혼도 호흡을 멈춘 역

신림역

원주시 신림면 용암리 590번지 폐역인 신림역의 주소이다. 인근 역 개통과 함께 개통되었을 테니 1940년 4월 1일에 개통되었을 것이다. 여러 번 새로 지은 역인 듯 다른 역들과는 모양만 비슷할 뿐 지어진 지 오래된 것 같지 않았다.

철로와 목침, 콘크리트 침목 등이 대량으로 쌓여 있어 마치 전쟁을 치른 곳처럼 을씨년스럽다.

전기 판넬 공장으로 사용되었던 건물이 방치된 채 서 있다. 열차에 사용되는 장비들을 만들거나 보수하였던 것으로 보인다. 열차가 달릴 때는 그 역할이 상당했었던 중추역이었을 테지만, 지금의 모습은 어떤 역할도 해낼 수 없는 무기력한 모습으로 서 있다.

그곳에도 여전히 겨울을 재촉하는 햇살이 비춘다. 마치 여름 햇살인 듯 철로도 침목도 다 걷어내고 철도의 영혼마저 호흡을 멈춘 역이 되었다. 다른 역에 비하면 꽤 큰 역이었던 것 같은데 복선화 전철이 개통되는 바람에 가차 없이 생명을 잃어버린 곳이 되었다.

어떤 모습으로 다시 태어날지 모르지만, 수십 년 철도의 영혼이 숨을 멈추어버린 그곳의 모습에 시간이 멈춘 것처럼 황량하고 허전했다.

2022. 2. 15.

경춘선

춘천 가는 기차 | **경강역**
한 묶음의 추억 | **백양리역**
지금만큼만 살면 돼 | **김유정역**

춘천 가는 기차

경강역

'춘천 가는 기차'라는 말만 들어도 가슴이 설렜다. 가평, 대성리, 강촌 등 대학에 가야 갈 수 있다는 MT의 명소로 젊은이들의 꿈과 낭만의 장소였다. 자가용이 대중화되기 전 경춘선을 타고 북한강의 아름다움을 눈에 가득 담는 그 자체만으로도 힐링이 되었다.

예전과 달리 느지막이 길을 나섰다. 안개가 낀 것처럼 미세먼지로 뿌연 경춘가도를 달렸다. 안개가 꼈으면 금상첨화였겠다고 생각하니 아쉬움이 남는다. 북한강 강가를 달리는 차창 밖은 아직도 겨울이다. 삼월이면 만개했던 개나리도 아직은 꽃 순을 내밀지 못하고 있다. 기후변화 탓인지 동해안을 삼킬 듯 무섭게 번지던 불을 끄고 나니 눈이 내렸다. 봄이 오는 소리가 멀리서 들리는 듯도 한데 아직은 움트던 싹이 주춤거린다.

경기도와 강원도의 경계에 있다고 하여 이름 붙여진 경강역[3]은 백양리역, 강촌역, 김유정역과 함께 경춘선 중 가장 아름다운 역이라고 한다.

좁은 도로를 굽이굽이 들어가니 허름한 건물 벽에 옛 경강역의 모습을 그려 놓은 집이 을씨년스럽게 서 있다. 역 앞의 마을은 몇 호되지 않은 낡은 집이 지키고 있다. 역 바로 앞의 집들은 말 그대로 기찻길 옆 오막살이라는 말이 어울렸을 듯하다. 사람들의 힘만으론 마을을 지키기 힘에 겨워 보였는지 무너질 듯 서 있는 지붕 아래 삽살개가 컹컹 짖는다. 집 앞에 세워진 하얀색 자동차가 사람이 살고 있음을 말해줄 뿐, 아침 열 시가 지난 시간인데도 마

---

3) 강원도 춘천시 서백길 62-52

을에는 사람이 보이지 않아 한적하다. 아니 쓸쓸하다. 역으로 들어가 보았다. 역사의 가도에 'Rail park'라고 크게 써 놓은 역사는 지금은 기차역이 아닌 레일파크 역이 되어버린 셈이다. 그 덕에 옛 모습을 잃지 않은 깨끗한 모습으로 있기는 하다. 주중이기도 하고, 코로나 탓이기도 하겠지만, 역에는 한두 사람이 다녀갔을 뿐이다. 조그만 카페도 있고, 즉석 사진을 촬영해 주는 작은 사진관도 철로 바로 옆에 자리하고 있어 코로나 팬데믹 이전에는 사람이 붐볐던 것으로 짐작된다. 코로나가 이 작은 마을에도 사람이 발길을 끊게 하였다는 생각에 마음이 쓰리다.

경강역사 앞에 잘 가꾸어진 오래된 소나무 한 그루가 역사를 지키는 듯 마주 보고 서 있다. 카메라를 들어 역사와 소나무를 찍으려는데 사진관 문이 슬며시 열리더니 주인인 듯한 분이 역사와 소나무 잘 찍을 수 있는 자리를 안내해 준다. 아무리 사진을 오래 찍더라도 현지 사람만큼 포인트를 정확히 알 수 없는 일이다. 감사하다며 굵은 돋움체로 쓰인 경강역사의 현판과 나무를 카메라에 담았다. 그 마을 사람이라면 당연히 고향 역의 모습을 아름답게 담아가길 바라서였으리라.

기찻길의 기능을 멈춘 철로와 역은 레일파크 역의 역할을 대신하게 되었다. 강촌 레일파크를 이용하면 경강역에서 회차 지점을 돌아오는 코스가 있고, 가평역 레일파크를 이용하면 북한 강변을 따라 경강역까지 8킬로 정도 아름다운 경치를 볼 수 있다. 더 이상 기차는 서지 않지만, 플랫폼은 그대로 유지되고 있으니 예전의 기차 타던 코스의 느낌을 느낄 수 있다. 어떤 방식으로든 옛 역이 유지되고 있는 것은 인근 마을 사람들에게도 좋을 것이다.

레트로 감성은 우리에게 옛 감성을 추억하게 하고, 신세대인 MZ세대에게도 점차로 번져나가고 있다고 하니 경강역의 미래를 기대해 봐도 될 것 같다. 인근에는 강촌 관광지와 제이드가든 수목원이 있다. 서천면의 서사천을 야생화 만개 길로 조성하고 있다고 한다. 북한강 물새 떼 길을 따라 자전거를 타거나 걷는 것도 좋다.

경춘선은 1939년 경춘철도 주식회사에 의해 사설철도로 개통되었다. 조선총독부가 강원도청을 춘천에서 당시 유일하게 철도가 있는 철원군으로 옮기려 하자 춘천 6개 지역 유지들이 사유재산을 털어서 사철회사를 설립하고 경춘선을 놓아서 간신히 도청을 유지했다고 한다. 이때 같은 처지에 놓인 충남의 공주는 유림의 반대로 철도 유치를 거부해서 대전에 도청을 빼앗기고 인구 10만의 소도시로 전락해 버렸다.

당시 철원은 경원선과 금강산 선 철도가 분기하는 중부지역의 교통의 요지여서 도청을 이전할 충분한 명분이 있었다. 화천의 산림자원을 벌채해서 운반하기 위한 목적도 있어서 춘천 유지들이 발 빠른 대처가 없었다면 도청을 빼앗기고 말았을 것으로 추정하고 있다. 일제 강점기 남북한 통틀어 유일하게 조선인 자본으로 부설한 사철이라고 전해진다.(출처: 경춘선 철도 설치에 대한 유래 「강원일보」, www.naver.com에서 재인용) 일본인 자본가들이 참여하였다는 여러 가지 설에 대하여는 굳이 따져야 할 이유가 없다는 생각이다. 일제 강점기 그네들이 어떤 식으로든 우리의 자원을 수탈하기 위해 온갖 수단을 동원하였는지는 이곳뿐만이 아니니 굳이 아픈 상처를 들출 필요가 없다는 생각에서다. 춘천의 유지들이 뜻을 모아 실행했다면 그것만으로도 높이 평가해야 한다는 생각이다.

영화 「편지」, 드라마 「천국의 계단」의 촬영지이기도 한 경강역은 이제 경춘선을 놓기 위해 사비를 털었던 선인들에게 '춘천 가는 기차'로 그 보답을 하는 셈이다.

그뿐인가, 서울에서 춘천까지 100km 넘는 자전거 길은 그 철로를 따라 조성되어 급경사가 없어 남녀노소 누구나 갈 수 있고,

새로 놓인 경춘선 복선 전철을 이용할 수 있으니 그분들의 사재가 절대 아깝지 않을 것이다.

경강역을 나서면 옛 경춘가도의 아름다운 길을 따라 달릴 수 있다. 봄이 되어 꽃이 만개하면 드라이브 코스로도 최고겠다는 생각에 이미 마음은 다음을 기약하며, 예쁜 이름의 백양리역으로 간다.

2022. 3. 25.

한 묶음의 추억

백양리역

이 봄이 가기 전에 다시 가야 할 곳으로 지난달 정해 놓은 곳이다. 한 달 전인 3월에 갔을 때는 아직 봄이 채 오지 않아 강변의 들도 역 주변의 나무들도 앙상한 가지만 내밀고 있었다. 자그마한 공원이 된 역사는 참 쓸쓸해 보였다. 역사의 4월 말은 조금 다르다. 화단엔 진달래가 피었고, 큰 키의 자작나무도 푸르른 잎을 틔우고 있다. 승강장에 물이 오르기 시작한 잔디도 수줍은 연초록색이 되었고, 철로변에 몰래 핀 민들레도 하얀 웃음을 웃고 있다.

경춘선이 개통된 1939년 7월 20일 강촌리 58번지에서 백양리역은 보통 역으로 영업을 개시했다. 2003년 4월 배치 간이역으로 격하되었다가 다음 해 11월 무배치 간이역이 되었고, 철도승차권 단말기도 철거되었다.

2005년 9월 역무원마저 철수되고 2010년 12월 21일 경춘선 복선 전철 개통으로 폐역이 되었다. 현재는 춘천시 남산면 강촌리로 이전되어 백양리역(엘리시안 강촌)이 되었다. 현재의 신역은 용산역, 왕십리역, 청량리역에서 탑승이 가능한 ITX 청춘열차를 운행하고 있다.

구역의 선로는 철거되었다가 역사의 부근에만 다시 놓였다. 경강역에서 구 경춘선 노반을 따라 2킬로쯤 걸어가면 된다. 승하차장 위에 지어진 역사는 구 팔당역과 함께 우리나라에서 두 곳만 남아있고 일본에서도 보기 쉽지 않다고 한다. 봄철 강변에 버들꽃이 피어 온통 하얗다고 해서 백양이라는 이름이 붙여졌다고 한다.

북한강 물새 길이라 이름 붙여진 구 백양리역을 이어 주는 2.1킬로의 옛 철길은 옛 추억을 한 꾸러미 불러올 수 있게 한다.

 경춘가도의 옛길, 요즘 T map에서는 무료도로를 선택하면 갈 수 있다. 구불거리는 길을 가다 경강역에서 커피 한잔을 마시는 호사를 누린다. 경강역을 나와 조금 가면 자동차가 겨우 교행 할 수 있는 좁은 길을 가게 된다. 오히려 즐겁다. 사람도 차도 많지 않으니 그 길은 온통 내 것이 된다. 간혹 지나가는 자전거 라이더들의 경쾌한 휘파람 소리는 덤이다. 백양리역을 가기 전 강변에는 너른 들이 있다. 봄 버들이 연초록 싹을 틔우기 시작했다. 이 봄 버들이 이곳을 백양리역이라 부르게 하였나보다고 생각하니 다가오라며 다정하게 손짓하는 듯하다.

 애당초 사진이 목적은 아니었다. 40년 지기 친구인 훈이와 함께 가고 싶었다. 친구는 경춘가도가 생각나지 않으냐는 한 마디에 군소리 없이 따라나섰다. 소싯적에는 무작정 기차를 타고 갔던 길이다. 강변의 아름다움이 좋아서였다. 봄이면 봄, 가을이면 가을, 어느 계절에 가도 후회하게 하지 않았다. 춘천역에 내려 소양강으로 버스를 타고 나가 청평사로 가는 배를 타기도 했던 추억들을 함께 했던 벗이다. 언제나 넓은 마음을 한 자락도 떼어 놓지 않고 내어놓을 줄 아는 친구여서 함께 가면 든든했던, 몸도 마음도 건강한 친구이다.

 오늘은 조금 다르다. 강변의 들녘으로 카메라를 들고 나간 나를 따라오지 않았다. 잠깐 강변을 물끄러미 바라보더니 자동차 안에 있겠다며 들어가 버렸다. 나이 탓인가? 아마 그럴 것이다. 그 친구는 요즘 부쩍 힘들어한다. 얼마 전에는 예전에 '네가 맨날 아프다'고 해서 이해할 수 없었는데 이제야 그때의 '네 말을 이해할 수 있겠다'며 멋쩍게 웃었다. 지난여름 동해의 바닷가에서도 덥다며 자동차에 앉아 있는 친구에게 멋이 없어졌다면서 핀잔을 준 적도 있다. 내가 많이 아팠을 때 그녀는 항상 나의 보호자였음을 조금 건강해지자 잊어버린 채 자동차로 가는 그녀를 향해 다시 '멋없다'라는 소리를 하고 말았다.

70여 살이 넘은 백양리역으로 갔다. 작은 공원이 된 역사와 철로에서 봄 향기를 양껏 들이마셨다. 철로변을 지나 승하차장의 빈 의자에 앉아 둘만의 기념사진도 찍었다. 역사에 기대어 서 있는 빨간 우체통이 우리의 모습을 보며 웃어준다. 그 우체통도 우리처럼 오랜 시간 역사와 함께해 왔을 테니 우리의 마음을 이해하는 거다.

역 주변의 민가는 조그맣게 꽃밭을 가꾸고 역사와 한 몸이 된 듯 공원의 일부가 되었다. 역사 입구 허름한 양옥은 얼마 전까지 폐가였는데 누군가의 세컨 하우스가 된 모양이다. 집수리하는 곳을 들여다보았다. 우선 방 한 칸만 수리한다고 한다. 천천히 살아가면서 하나씩 하나씩 고쳐갈 예정이라며 밝게 웃는 젊은 엄마와 아빠, 소녀의 얼굴이 화사하다. 이제 우리나라도 선진국이 되어 인건비가 워낙 비싸져서 사람들은 손수 수리하여 집을 만들어가는 경우가 많아졌다. 용감하고 멋진 선택이라며 칭찬도 얹어 주었다.

4월의 봄볕을 온몸으로 받는다. 수더분하기 이를 데 없는 그 친구는 선크림도 바르지 않았을 거다. 선크림이라도 바르라며 주었더니 이런 햇살을 언제 즐겨보냐며 한마디로 거절하고 만다. 부끄러운 손이 얼른 가방 속으로 몸을 숨겼다.

햇살 밝은 백양리역에서 그녀와 나는 오늘도 한 묶음의 추억을 동여매고 역을 떠났다.

2022. 4. 24..

지금만큼만 살면 돼

김유정역

내 삶의 만족도를 정하는 것은 나 자신이다. 만족도를 수치로 나타내는 척도가 있긴 하지만, 그건 어디까지나 수치에 불과하다. 내가 정한 내 기준점에 따라 살아내면 되는 것이다. 다른 사람이 무어라 하건 그건 다른 사람이 생각일 뿐이다. 오늘 우리는 내 삶을 채워 줄 무언가를 찾아 나섰다. 추억은 아름답다고 하였으니 그 추억 길을 따라 경춘가도로 가 보기로 했다.

경강역에 이어 백양리역을 나와 김유정역으로 간다. 경춘가도를 달리는 것만으로도 마음은 이미 청춘이다. 대성리역, 강촌역을 지나는 길에선 40여 년 전의 추억들이 한 움큼씩 가슴으로 밀려든다. 친구인 H와 같이했던 날도, 몰래 숨겨 놓았던 그녀만의 비밀 이야기도 주섬주섬 가슴에서 쏟아져 나온다. 나도 기억 못하는 나도 그녀가 모르는 그녀도 툭툭 불거져 나오자 서로 진실 공방에 웃음 한 보따리다.

김유정역은 일제 강점기인 1939년 7월 20일 신남역으로 영업을 시작하였다. 2004년 12월 1일 춘천시가 김유정 문학촌을 건설하면서 역명을 바꿔 줄 것을 요청하여 역명이 변경되었다. 철도 역사상 사람 이름을 역명으로 한 첫 번째 역이다. 2010년 12월 21일 경춘선 복선 전철이 개통되면서 구역은 폐역이 되었다. 춘천시 신동면 1435에 한옥으로 새로 지은 커다란 신역사를 지어 이용하고 있다.

신역 바로 옆에 김유정 레일바이크 관광지가 조성되고 역에서 200여 미터 떨어진 곳에 김유정 문학촌이 있어 춘천의 명품 관광

지가 되었다.

몇 년 전, 김유정 문학촌이 조성되면서 만들어진 '실레 이야기' 길을 걸어보았다. 김유정이 태어난 실레마을을 무대로 김유정의 소설을 이야기 길로 옮겨 놓은 곳이다.

'들병이들이 넘어오던 눈 웃음길' 산골 나그네, 총각과 맹꽁이 등의 작품에서 볼 수 있다. 흙길을 따라 시골길, 산골 길을 걷다 보면 어느새 소나무 숲길이다. 8월이었던 그해 소나무 숲길에서 땀을 식혔던 기억이 새롭다. 봄·봄 길, 동백꽃 길, 산골 나그넷길, 만무방 길 등 작가의 소설 속 무대가 있는 곳을 따라 걷다 보면 소설 속의 주인공이라도 된 양 마음이 소설의 무대로 가 있음을 느꼈다.

폐역인 김유정역은 비교적

잘 보존되어 있다. 레일바이크와 김유정 문학관 덕인지 사람들이 발길이 끊이질 않는다. 코로나19의 여파가 없었던 건 아니지만 나름대로 모양을 유지하고 있으니 그나마 다행인 셈이다. 김유정 문학관을 둘러보았다. 갈 때마다 둘러보아도 새로운 것은 아마도 내 안에 남아 있는 산골살이에 대한 막연한 기대감 때문일 것이다. 요즘 MZ세대가 좋아하는 레일바이크와 문학관, 김유정역이 서울에서 ITX를 이용하면 한 시간 이내의 거리이니 코로나 정국이 풀리면 사람들이 넘쳐날 것이다. 김유정 문학관을 나오면 바로 옆으로 널찍한 주차장을 겸비한 유정식당이 있다. 매번 갈 때마다 들르는 곳으로 춘천의 명물인 닭갈비와 막국수가 춘천 시내보다 더 맛있다. 주인 어르신의 며느리인 젊은 새댁의 친절함은 덤이다.

마지막 기착지인 유정식당에서 닭갈비에 볶음밥까지 배부르게 식사를 마치고 서울로 향했다. 청평역 인근의 장터를 찾았으나 오늘은 장이 열리지 않았다.

추억거리, 먹거리, 눈요깃거리를 잔뜩 누리고 오는 길엔 또다시 옛 추억 한 마당 쏟아져 나온다. 잊혔던 일들도 그곳에 가면 생각나는 것을 보면 아직 우리는 싱싱한 정신을 지니고 산다.

소설 속 들병이보다는 훨씬 나은 삶을 살아온 우리는 이만하면 잘 살아가고 있다며 서로를 다독인다. 앞으로도 지금만큼만 살면 된다며 웃었다.

2022. 4. 24.

철암선

여인의 이름처럼 우아한 | **도경리역**
안개 낀 쇠 바우골 | **철암역**

여인의 이름처럼 우아한

도경리역

도경리역, 그 이름만으로도 내 관심을 끌 만했다.

어느 아름다운 여인의 이름처럼 우아하고 도도하다. 역 이름에 더욱 마음이 끌린 건 또 다른 이유가 있다. 사십 대의 나를 간단히 할머니로 만들어 버린 조카가 낳은 첫 아이의 이름이 도경이다. 지금은 피아노를 잘 치는 아이로 예인이 될 준비가 한창이다. 도도한 표정으로 빙그레 웃으며 할머니라고 부를 때는 진저리를 치는 척하곤 했었다. 그래서인지 역명을 듣자마자 보기도 전부터 호기심이 고조되었다.

오늘 도경리역 촬영은 친구와 함께다. 40년 지기 친구로 역사의 나이가 82살이니 우리도 그 반은 알고 지낸 사이가 되었다. 그 친구도 사진을 시작한 지 꽤 되었지만 사진 인으로 교류는 두어 번 정도로, 사진을 찍는 성향이 많이 달라 그저 마음 맞는 사이로 지내는 친구이다. 요즘 그 친구가 사진에 부쩍 관심을 두기 시작하면서 함께 가고 싶다기에 같이 떠난 길이다.

도경리역에 도착하니 오후 4시경이다. 늦가을 햇살이 산등성이를 막 넘기 직전이다. 햇살이 등성이에 올라앉아 마지막 추파를 던진다. 역사(驛舍)로 쏟아지는 햇살이 역사의 겨드랑이까지 파고든다. 추운 겨울이 오기 전 빛을 담뿍 받아 두어야 겨울을 날 수 있을 거라는 듯 온몸으로 햇살을 받아들인다. 이에 질세라 철로변도 온몸을 드러내어 햇살을 받는다. 역사나 철로가 지어진 일제 강점기에 이런 햇살마저 없었다면 얼어붙은 산하도, 도경리 마을 사람들의 마음도 모두 얼어붙어 있었으리라. 그 마음 알아차린 햇살이

그날도, 오늘도 여전히 따사로운 빛을 내어놓고 있을 것이다.

  선비의 뜰에 심는다는 배롱나무, 일명 백일홍이라고도 하는 나무 두 그루가 햇살 받은 역사의 앞뜰에 서 있다. 산등성이를 넘는 해님을 향한 건지 철로를 지나다니는 행인을 향한 건지 하트 모양을 하고 있다. 부귀라는 꽃말을 가진 나무가 선비의 뜰에서 이곳으로 달려와 도경리 주민의 삶을 억지로 실어내던 일인들의 바짓가랑이를 붙들고 있었는지도 모르겠다. 배롱나무에는 도경리 마을 사람들이 주인 선비였을 테니까.

  도경리역은 강원도 삼척시 도경 북일 126(도경동 산 37-3)에 있는 역이다. 영동선 철암-묵호 구간의 역으로 영동선에서 가장 오래되었다. 철암선이 삼척 탄전의 개발을 위해 개통되었던 철암역과 함께 1940년 8월 영업을 개시하였다. 도경리역은 1939년 5월 지어졌지만, 그보다 먼저 지어졌다는 설도 있다. 인적이 드문 곳에 있어 1997년 배치 간이역이 되었다가 현재는 열차가 서지 않는 간이역이 되었다. 건축사적 의의와 희귀성으로 2006년 등록문화재 298호로 지정되었다. 2009년 지붕과 창호를 보수하여 현재의 깨끗한 모습을 갖추게 되었다.

  도경리역은 이웃 마을보다 지세가 높은 곳에 있었다 하여 '돈경(敦境, 도둔 지경)'으로 부르다가 1914년 도경(桃京)이라 한데서 유래되었다고 한다. 과거 도경리역은 삼척의 주요 교통시설로 이용자가 많은 곳이었다. 해서 측면 노천 출입구를 두었을 것으로 추정되고 있다. 지금은 승객의 승하차가 멈춘 역이지만 도경리역을 지나는

인근 지역 사람들의 삶의 애환을 여전히 실어 나르고 있다.4)

우리가 역에 도착했을 때 역에는 커다란 화물차가 철로 보수 자재를 싣고 들어왔다. 공사 차량 관계자들이 역으로 들어가면 위험하다며 들어가지 못하게 하였지만, 노천 출입구 문을 살짝 밀어 보았다. 눈 부신 햇살을 받은 철로가 황금색 옷을 걸치고 유혹하니 내 발이 저절로 들어가고 말았다. 삼각대를 세우고 커다란 카메라를 세웠다. 80살이 넘었다는 역사는 성형을 마친 뒤여서 새색시 볼처럼 발그레하게 웃는다. 슬며시 들여다본 역사 안에는 겨우 두세 개의 열차 시간표가 멋쩍게 웃고 있다. 역사 옆에 놓인 사물함인지 공구함인지가 색이 바랜 치마저고리를 입고 헤픈 웃음을 웃는다. 햇살 받은 그네들의 표정이 일품 사진이 되어 카메라에 담겼다.

이런 곳은 처음인 내 친구도 열심히 촬영한다. 아마도 오늘 그녀의 사진은 도경리 역사(驛舍)의 슬프고 화려한 빛을 담게 될 것이다.

역사(歷史)를 기록함은 지나간 역사를 바로 세우기 위함이기도 하지만, 그 역사(歷史)가 보여주는 진실을 토대로 오늘 그리고 내일을 바르게 나아가기 위함이리라. 일제 강점기 수탈의 아픔을 간직한 도경리 역사(驛舍) 인근에는 고궁 유적지인 천은사와 삼척시립박물관이 자리하고 있다. 도경리역을 보러 오는 사람들에게 덤으로 얻는 관광 코스가 될 것 같다. 촬영을 마치고 도경리역의 햇살을 담뿍 받으니 우리들의 마음도 한결 따스하다. 수탈의 역사가

---

4) 입상 간판(깊은 산속 감춰진 아름다운 도경리역)에서 인용하였다.

아픈 기억이긴 하지만 역사의 수레바퀴를 다른 방향으로 돌려보는 것도 한 방법일 것 같다는 생각을 해본다.

미로역으로 갔다. 도경리역 다음 역으로 안 갈 수가 없는 곳이다. 같이 간 친구 이름이 미로다. 그러니 꼭 가 봐야 했다. 같이 간 친구는 참 섬세하고 배려심이 있는 친구로 형편이 어려운 친구를 보면 그냥 있지 못하는 성격이다. 그러니 같은 이름표를 달고 서 있는 역의 생김이 우선 궁금했다.

불과 10킬로도 안 되는 거리에 있는 미로역은 큰 길가에 있었다. 이름표만 크게 달고 서 있는 역은 30년쯤 된 벽돌조 콘크리트 건물로 이름과 어울리지 않는 둔중한 모습이어서 괜히 친구의 눈치가 보였다. 내 친구처럼 아름다운 모습을 가졌으면 좋았을 텐데. 인근에 미로라는 마을이 있어서 붙인 이름일 것이다. 이곳도 여전히 승객이 줄어서 기차가 서지 않는 역이 된 모양이다. 친구는 이미 막혀 버린 출입구를 유심히 들여다본다. 철로변에 서 있는 역명판만 눈을 끔뻑인다. 자신의 이름을 가진 역명에 대해 아쉬움이 있는지 한참을 서 있었다.

미로야 가자! 응 그래 가자. 산등성이에 걸려 있던 해가 산마루 밑으로 내려앉으니 산촌에 산 그림자가 깊어져 가고 있었다. 지인에게 빌린 숙소로 향한다. 지금쯤 도경리역에도 산 그림자가 역마당 앞까지 내려왔으리라. 홀로 서 있는 도경리역의 고독함을 달래 줄 사람들의 발길이 이어지길 기원한다.

그 한 방법으로 코로나19가 빨리 끝나는 것도 있긴 한데….

2021. 11. 5.

안개 낀 쇠 바우골

철암역

삼척에서 철암으로 가는 길, 협곡을 간다. 철암역 인근 함백산, 장산, 구운산, 청옥산, 연화봉 등 대부분 1,000m가 넘는 험산 준령으로 둘려진 길을 가고 있다. 계곡과 협곡이 이어지는 길은 안개가 뽀얗다. 민가가 서너 채인 작은 마을의 빈들에 외따로 서 있는 나무 한 그루, 안개가 면사포 되어 살포시 감싸 안은 모습에 차를 멈춘다. 담장도 없이 안개에 싸인 농가가 아침 햇살에 배시시 웃는다. 흉물스럽게 세워진 철탑마저 안개에 덮이니 그저 산수화다.

시골 아니 산골의 바람 내음, 흙 내음, 두엄 내음이 열어 놓은 차창 안으로 들어오니 가슴이 촉촉해지는 건 그곳만이 낼 수 있는 냄새 탓일 거다.

철암역5)은 영동선(철암~묵호)으로 동점역과 백산역 사이의 역이다. 1940년 보통 역으로 도경리역과 함께 개통되었다. 역명은 강릉 방면 4km 부근에 쇠돌바위라는 기암괴석이 있어 그 이름을 따서 마을 이름을 지은 데서 유래되었다.

일제 강점기에 일인들이 석탄 등 우리나라 지하자원의 반출을 위한 선로로 개통되었으며, 그 후 태백 지역의 무연탄을 전국 각지로 발송하는 매우 큰 역이다. 아직도 한국에서 가장 큰 규모의 저탄장이 있으나 경제발전에 따른 산업 형태의 변화로 석탄산업이 쇠퇴하면서 역의 역할도 많이 축소되었다. 지금도 영동선을 경유하는 모든 무궁화호가 정차하고 있다.

---

5) 철암역 소재지:강원도 태백시 동태백로 389(철암동)

한때 철암역의 한 해 수입이 호남지방 모든 노선을 담당하는 순천지방 철도청의 한 해 수입과 맞먹는 정도였다고 하니 전성기의 역의 규모와 역할을 짐작하게 한다. 아직도 승차장에서 보이는 석탄을 싣는 시설인 선탄 시설이 근대문화유산(국가등록문화제 제21호)으로 지정되어 남아 있다.

쇠락의 길을 걷던 영동선 철도의 활성화를 위해 2013년 4월 백두대간협곡열차가 관광 자원으로 개발되어 성공하면서 그 명맥을 유지하고 있다. 철암역 인근 상권의 쇠락한 건물들을 철거하지 않고 시에서 매입하여 건물 원형을 그대로 살려 태백 철암 탄광 역사 촌으로 재탄생 시켰다. '철암쇠바우골'이라는 탄광 문화센터가 마련되어 있고, '철암역두 선탄시설 투어'라는 프로그램이 마련되어 갱구로 들어가서 볼 수 있게 만들어져 있다. 방치된 다른 곳의 폐 간이역보다는 훨씬 좋은 사례로 남아 있다. 역사는 처음 일본식 맞배지붕의 전형으로 지어졌으나 1985년에 현재의 건물로 바뀌었다.

역사의 맞은편 철암천 변으로 가 보았다. 만추의 천변은 붉은 단풍으로 화려하다. 카메라를 들어 천변의 가을을 담았다.

천변에 지어진 '까치발 건물', 석탄산업의 부흥으로 일확천금의 꿈을 안고 몰려든 2만 4천여 명의 사람으로 북적이게 된 철암은 돈이 넘쳐나고 집이 모자랐다. 철암동에는 강아지도 만 원짜리를 물고 다닌다고 할 정도였다니 짐작이 갈 만하다. 좁은 지역에 집이 모자란 사람들은 많은 사람이 살 수 있도록 천변으로 기둥을 세워 집의 면적을 넓혔다. 그 모양을 까치발 건물이라 칭하였다. 이는 도시의 천변에서도 많아 볼 수 있는 형태이기도 하다. 그 까치발 건물들의 전면 도로변에는 식당, 다방, 단란주점 등의 유흥시설이 아직도 옛 모습을 한 채 살아있는 박물관이 되어있다. 예전의 식당은 갤러리가 되고, 석탄 관련 박물관의 역할을 하기도 한다.

(중략)

"월급 많이 받던 시절 30만 원 받았다. 70년대 이후 이 일 저 일 해 봤지만 그래도 석공 시절이 제일 좋았다. 60년대 후반까지 광산 사원증 가지고 장가가기 좋았다. 그 당시 수입이 안정적이라 마누라 놓고 먹고 살았다. 탄광은 생산이 목적이라 사람이 죽고 사는 거는 문제도 아니다."

-신길원-

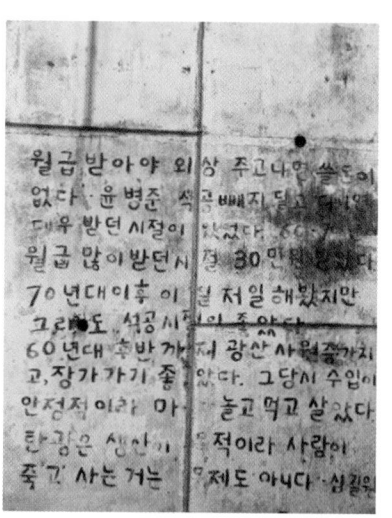

벽에 손글씨로 써 놓은 글이다. 그 사람이 광부인지 아닌지는 알 수 없다. 이글 한 자락이 그곳의 상황을 한 마디로 설명하고 있다고 해도 되지 않을까 싶다. "죽고 사는 거는 문제도 아니다"라니 그래야 했던 시절이라며 넘어가려니 가슴 끝이 아리다. 독일의 탄광에도 갔던 세대의 사람들인데 철암쯤이야 먼 곳도 아닌 시절이었으니.

만추의 천변에는 산책로가 조성되어 있

다. 오색 낙엽이 무수히 쌓인 길은 이슬에 젖은 낙엽이 부드럽게 밟힌다. 먼 길을 달려온 우리에게 친절한 광부 아저씨의 동상이 빙그레 웃는다. 갱도의 모습으로 만들어 놓은 산책길 입구에 묵직하게 앉아 있는 그 날의 아빠다. 도로변 경북식당 앞의 아저씨가 소주잔 기울이는 모습과는 사뭇 다르다. 매사 마음먹기 달린 일이다. 대폿집 앞의 광부 아저씨도 같은 마음이었을지도 모르는데 내 마음의 눈 탓으로 달리 보였으리라.

 아침도 거른 철암역 행군을 끝낼 무렵이 되어서야 문화센터 관계자(자원봉사자)들이 한 분 두 분 나오기 시작했다. 아직은 코로나19 여파로 개점휴업 상태라고 한다. 코로나19로 인해 멈춘 곳이

한두 곳이 아니다. 철암역 주변 사람들과 관계 시가 심혈을 기울여 만들어 놓은 곳마저 이 모양이니 말해 무엇하랴.

  태백산 천제단, 황지연못, 구문소 등의 인근 관광지도 소개되어 있다. 영화「인정사정 볼 것 없다」촬영지, V-train, O-train(백두대간협곡열차)의 종점, 철암 두멧길을 시작하는 철암역에서의 아침을 마친다.

  철암 사람들이 조성해 놓은 산책로 의자에 앉아 친구와 함께 기념사진을 남겼다. 나이 들어 보인다며 찍지 않으려는 친구에게 '오늘이 제일 젊은 날'이라며 억지로 앉힌 후 셔터를 누르고 달려가 앉았다.

  태백 준령과 정선 아우라지 길, 굽이진 길을 달려 월정사의 늦가을을 만나러 간다.

  안개가 걷힌 태백과 정선의 산길이 푸른 하늘과 맑은 공기로 길 안내를 맡았다.

2021. 11. 6.

군산선

내가 보고 있어요 | **임피역**
봄 나루 | **춘포역**
실수도 하며 살아야 | **삼례역**

내가 보고 있어요

임피역

간이역을 둘러보기 위해 전라도로 떠났다. 오랜만에 느린 기차를 탔다. 무궁화호 열차는 KTX와 달리 창밖으로 들과 산을 천천히 볼 수 있게 한다. 기차 안에서 수레를 끌고 다니며 달걀과 간식을 팔던 추억의 풍속도는 없어지고, 카드 하나면 되는 자동판매기가 멋없이 서 있다. 세상이 변했으니 어쩔 수 없는 일이긴 하지만, 아쉬움이 큰 건 어쩔 수 없다. 그래도 일행의 수다는 여전하다, 도착하는 역마다 몇 안 되는 사람들이 오르내리는 기차역, 그 역도 간이역이긴 마찬가지다. 어쩌면 그 역들도 머지않아 폐역의 신세가 될지도 모른다. 농촌 인구의 감소와 소멸이 가져올 미래일 수도 있으니까.

임피역은 임피면 술산리에 있는 간이역이다. 첫 번째 역사의 건립 시기는 1912년 12월 1일이다. 춘포역보다 빨랐다고 한다. 승객이 늘어 1936년 12월 1일에 새로운 역사를 다시 지었다고 한다. 2008년 5월부터 여객 운송업무가 중단되었다. 일제 강점기, 김제평야의 쌀과 농산물 등 각종 화물을 일본으로 실어내기 위한 철로로 군산선(대야~임피~개정~군산항, 약 23.1킬로)의 중앙에 있는 간이역이다.

2005년 11월 11일 국가등록문화재 제208호로 지정되었다. 역사(驛舍)의 원형이 비교적 잘 보존되어 건축적·철도사적 가치가 높이 평가되어 2010년 문화체육관광부와 한국관광공사가 주관한 유휴 자원[폐선 철로·간이역] 관광 자원화 사업 대상지로 선정되어 현재 철도 관광지로 이용되고 있다.

임피역 관광 자원화 사업으로 임피역 내부 복원을 비롯해 시실리(時失理 거꾸로 가는 시계, 시간을 잃어버린 마을)광장과 방죽 공원, 열차 체험 교실, 전통 우물 등이 조성되어 있다. 임피역 내부에는 장작 난로와 채만식의 대표 소설『태평천하』의 등장인물을 구성한 세트 등이 설치되어 있다. 외부에는 옥구 항쟁과 관련한 기념벽에 34인의 애국 투사 명단과 애국지사 18인의 명단이 새겨져 있다. 기차를 세워 놓고 1930년대 기차 내부 및 승객들의 모습도 재현해 전시되고 있다.

이곳에서 일어난 옥구 항쟁은 1927년 일본인이 운영하던 이엽사 농장에서 일어났다. 소작농에게 무려 75%의 소작료를 요구하여 일어났다고 한다. 이로 인해 3명의 농민 계몽운동을 하던 강사가 연행되자 수백 명의 농민 등이 주재소를 에워싸고 이들을 풀어 달라고 요구하며 만세운동을 전개하였다. 군산경찰서가 군 병력을 동원하여 옥구·서수 조합원 80여 명이 체포되어 유죄 판결을 받았다고 한다.6) 본 역이 원래는 임피면 읍내리에 만들어져야 했으나 유림이 풍수지리적 이유로 반대하여 술산리에 세워졌다고 전해지고 있다.

임피역에서 신창마을에 이르는 '구불길'은 임피역 일대를 걸으며 볼 수 있도록 조성되어 있어 가을 길 걷기에 나섰다면 좋았겠다는 아쉬움이 남았다.

임피역을 둘러보고 나오는 길, 가을볕이 황금빛을 띠어 갈 즈음

---

6) 출처: 디지털군산문화대전-임피역

이다. 골목길로 들어가 보았다. 낡고 커다란 폐건물이 눈에 들어왔다. 저녁 빛을 받은 건물이 붉게 녹슨 모습이 독특하다. 그 모양으로 보아 일제 강점기 정미소인 듯하다. 김제평야에서 거둬들인 쌀을 도정 하여 임피역에서 실어 군산으로 옮겨 갔을 것으로 추정된다. 월요일이 휴관이어서 역사나 마을을 안내받을 수 없어 아쉬웠다. 건물 벽에 크게 붙여진 궁전예식장 예약 중이라는 안내판이 보여 전화해 보았다. 받지 않은 것으로 보아 그도 폐업한 모양이다. 코로나19의 폐해는 업종 불문, 장소 불문이 되어가고 있다. 건물의 규모에서 그만큼의 수탈의 크기가 보이는 듯하다.

촬영 후 알 수 없는 마음이 되어 망연자실 서 있었다. 조금 있으려니 유모차를 미는 어르신이 그 앞을 지나고 있다. 예전 같으면 젊은 엄마가 아이를 태우고 콧노래라도 부르며 지나쳤을 곳이다. 오늘은 마스크를 한 어르신이 빨간 유모차에 손주가 아닌 강아지를 태우고 지나간다. 인구가 점점 줄어든다는 시골의 한 단면

을 보고 있는 셈이다. 노인 천국이 되어 가는 시골에서 아이 울음소리는 없어지고 강아지 짖는 소리만 높아져 가고 있는 것 같아 쓸쓸하다. 수탈은 강점한 나라만 하는 것은 아닌 것 같다. 젊은이가 없어진 마을엔 이미 생동감이 사라지고 아기 울음소리가 사라지고, 이제는 농사지을 사람들도 사라져가고 있다. 하여 농촌은 점점 피폐해져 가고 있으니 우린 우리 스스로를 수탈하고 있는 것은 아닐까 하는 생각이 듦은 나만의 편견일까? 어르신의 구부정한 허리가 위태로워 보인다.

저녁볕이 스며든 임피역사의 뒤편 철로로 가 보았다. 녹슨 철로변에도 어김없이 볕이 들어왔다. 2020년 12월 10일 군산-익산 간 신선으로 철로가 이설되며 폐역이 되어 버린 철로이다. 아직도 가끔 장항선 기차가 지나가긴 하지만 서지는 않는다. 볕은 선로에 기차가 다니든 다니지 않든 어김없이 들어온다. 녹슨 철로에 비스듬히 들어온 저녁볕이 그곳 사람들의 옛 기억을 소환한다. 일제의 수탈에 헛헛한 마음을 어찌할 수 없으면서도 쌀가마를 지고 날라야 했던 아비, 해방 후 책보를 메고 달리는 기차에 오르던 오빠, 하얀 칼라의 교복을 입고 수줍게 통학하던 누나, 청운의 푸른 꿈을 안고 서울행 기차로 향하던 형들이 수없이 오갔을 역이다. 그저 등록문화재가 되었다는 안도감 하나로 초라하게 남아있는 임피역 역사(驛舍)가 무슨 명목으로 그들의 마음을 붙잡을 수 있을까?

역사(驛舍)의 안내문을 바라보는 아이의 동상, 부릅뜬 두 눈이 임피역의 어제를, 오늘을 내가 보고 있다는 표정으로 지켜보고 있다. 관광지로 화려하게 거듭나든, 인구가 폭발적으로 증가하여 번성했던 옛 모습을 되찾든 임피역의 미래가 빛이 나길 기원해 본다. 역사에 상주하는 사람은 없지만, 면사무소의 문화예술과와 시청에도 담당 주무관이 있다니 기대해 볼 일이다.

요즘 레트로 감성을 찾아 나선 젊은이들이 늘어나는 추세이니 임피역 역사(驛舍)가 근대 역사의 한 단면을 보여줄 기회가 될 수 있지 않을까 싶다. 역사(驛舍)의 사료 조사에 도움 주신 익산시청 관계자분께도 감사드린다.

2021. 11. 15.

봄 나루

춘포역

익산 출신 동료는 춘포역은 허허벌판 논두렁에 홀로 세워진 역이라고 했다. 무슨 뜻이냐고 물으니 가 보면 알게 된다며 설명하지 않았다. 더 궁금해진다. 대체 무슨 사연이 있기에, 역이란 대체로 사람이 많이 모이거나 모일 수 있는 곳에 세워지는 게 상례인데 그렇게 되었을까 싶어서다.

일행을 태운 무궁화호 열차가 익산에 도착했다. 가는 동안 창밖으로 보이는 김제평야는 가을걷이를 거의 끝낸 모습이어서 황량해 보이기도 하고, 쏟아지는 가을 햇살을 듬뿍 받은 모습이 일견 따사로워 보이기도 했다. 동료의 차가 우릴 태우고 간 첫째 방문지가 춘포역이다. 간이역에 대한 글을 써야 한다는 내 고성에 대부분의 일정이 나를 위한 배려로 짜여 있어 미안하기도 하고 감사하기도 했다.

가을 햇살이 역사의 지붕으로 한없이 쏟아진다. 카메라를 들었다. 정오가 다 되었으니 강한 햇살 때문에 불편하긴 하였지만, 나만의 여행이 아니니 아쉬운 대로 촬영했다.

춘포역은 1914년에 익산시 춘포면 덕실리에 건립되었다. 우리나라에서 가장 오래된 역사이다. 개통 당시 대장역이라 칭하였으나, 일제 강점기에 지어진 이름이라 하여 1996년 춘포역으로 바꿨다. 1997년 간이역으로 격하되었고 삼례역에서 관리하게 되었다고 한다. 2011년 5월 14일 전라선의 복선전철화 사업으로 폐역이 되었다.

임피역사와 함께 일제 강점기 소규모 철도 역사의 모습을 잘

보여주는 건물로 평가받아 2005년 11월 11일 국가등록문화재로 지정되었다. 지금은 폐역이 되었지만, 춘포역에서 만경강 제방까지 이어진 길은 화물차 두 대가 교차할 만큼 도로 폭이 넓다.

  이 길은 해방 이후가 아니라 100여 년 전 만경강 개수공사 당시에 만들어졌다. 춘포역에서 대장촌 들판을 향하여 직선도로가 넓게 난 것은 대장촌 들에서 수확한 엄청난 양의 쌀을 춘포역에 실어 나르기 위해서였다. 호소카와 농장과 쌀 수탈의 거점 춘포역은 일제가 쌀을 수탈해 가기 위하여 부설한 전라선의 중심에 자리하고 있다. 당시 춘포 인구의 3분의 2가 넘는 1,000여 명이 호소카와 농장에서 소작한 것으로 알려졌다.

  만조기에 서해 바닷물이 춘포까지 밀려왔다. 춘포는 대장촌에서

생산된 쌀을 실어내던 큰 포구로 수로를 통하여, 그리고 철로를 통하여 쌀이 들고나는 거점이었던 셈이다. 2011년 5월 13일 전라선 복선전철화가 완료되면서 새로운 고가철로가 가설되었고, 철도역의 기능을 잃은 춘포역은 폐역이 되어 역사를 제외한 모든 시설물이 철거되었다.7)

역사를 나와 일본인 가옥으로 유명하다는 에토 가옥으로 가 보았다. 에토는 호소가와 농장의 대장공장(정미소) 엔지니어였다고 한다. 엔지니어의 가옥의 위세가 이 정도이니 나머지는 설명하지 않아도 알 수 있는 일이다. 이 집은 '1938년 춘포(저자: 박이선)'의 무

---

7) 윤춘호, 『봉인된 역사』 (푸른길, 2017)
우창수, 「104년 춘포역 지킴이 최중호 명예 역장」 (『익산열린신문』, 2018. 8. 24.)
가장 오래된 역사엔 슬픈 역사가 머문다 [-驛舍-歷史-] (한국향토문화전자대전)

대이기도 하다. 대장촌 판 로미오와 줄리엣이라는 평을 듣는 소설로 나는 아직 읽어보지 못했다.

'대장공장'이란 현판을 달고 있는 정미소는 엄청난 규모의 크기로 12대의 정미기기가 설치되어 있었다고 한다. 가히 수탈의 규모가 어땠는지를 짐작하고도 남는다.

역사의 아이러니는 지금도 계속되고 있다. 현재 익산시의 인구는 몇 년 전 약 34만에서 약 28만으로 줄어들었다. 일제 강점기 수탈을 위한 전초 기지로서 역할이 끝나자 쇠락의 길을 걸었다. 우리나라 산업의 3차, 4차 산업으로 전환되면서 농촌 인구가 급격히 줄어들자 이렇게 폐역의 신세가 되고 만 셈이다.

쓸쓸히 역을 지키고 있는 한 남자를 만났다. 그는 우리를 반갑게 맞이해 주었다. 묻지도 않은 춘포역의 역사(歷史)를 소개하기 시작했다. 춘포는 과거 춘포면 대장촌리였지만, 일본인들이 큰 농장이 있는 마을이란 뜻으로 사용하기 시작하여 그 의미가 달라졌다고 한다. 후에 일본인이 사용하였다는 오해와 편견으로 춘포역이라 바꾸게 되었다고 하며 아쉬움을 전한다. 사실이 어찌 되었든 나는 '춘포'라는 이름이 참 좋았다. '봄 나루'라니 얼마나 정감 있는 이름인가. 오히려 더 토속적이고 우리다운 지명이라는 생각이 들었다.

역 지킴이를 하는 L 씨는 그 지역 출신으로 우리 일행인 L 씨와 그곳 명문고 동문이라며 통성명을 한 후 악수도 하였다. 그는 춘포역도 임피역이나 삼례역처럼 만드는 게 꿈이라고 한다. 아직은 조그만 역사(驛舍) 하나가 전부이지만 역사관(歷史觀)도 꾸미고 우리 같은 방문자를 위해 해설사를 두고 좀 더 체계적인 관리가 될 수 있도록 하는 게 소원이라며 아쉬워한다.

화장실 벽에 그려진 춘포마을 지도를 보며 이 지도를 기초로 봄 나루 길을 만들면 좋겠다고 생각했다. 시골길이란 어떤 목적으로 조성되었더라도 걷기만 해도 힐링이 될 것이다. 더구나 뜻깊은 역사를 간직한 곳이니, 그저 방향 표식만 달아 놓아도 되지 않을까 싶다. 제주 올레길도 처음엔 헝겊 쪼가리 하나씩 매달아 놓는 것으로 시작되었으니 충분히 가능한 일이리라.

일제 강점기의 아픈 역사(歷史)를 한가득 안은 춘포역사를 떠나며 마음에 새긴다. 아픈 역사(歷史)를 이제 아름다운 옛 역사(驛舍)로 바꾸어 젊은이들이, 사람들이, 고향을 찾은 이들이, 힐링을 찾아 나선 이들이 찾아오는 아름다운 간이역으로, 역사·문화적 공간으로 다시 태어나길 기원한다. 역사(驛舍) 지킴이 L 씨의 소원처럼.

동료가 설명해 주지 않은 역명에 대한 뜻은 춘포역을 나오면서 큰 들판에 세워진 '봄 나루'라는 뜻으로 이해하기로 혼자 정했다. 사실이 그렇기도 하다.

2021. 11. 16.

실수도 하며 살아야

삼례역

가끔은 실수해야 사람다워 보일 때가 있다. 실수가 사람을 평안하게 하는 건 물렁물렁한 느낌이 좋아서일 것이다.

삼례라는 아주 예스러운 그 이름만으로 친근감을 느끼게 했다. 삼례역 주차장으로 갔다. 넓은 광장이 있는 것으로 보아 예전에는 유동 인구가 꽤 많았을 것으로 짐작된다. 구역사를 찾아보았다. 철길을 낀 담장이 높게 둘러 처진 곳을 기웃거려 보아도 눈에 띄지 않았다. 다만 역사가 있었음 직한 자리에 신식 건물이 자리하고 있을 뿐이다.

조선시대 전라도의 수역인 삼례역은 전주부의 첫 번째 역이어서 그 위상이 대단히 중요하였다고 한다. 1894년 동학 농민의 제2차 봉기를 일으킨 곳이기도 하다.

군산선은 1912년 3월 6일 개통된 짧은 단선으로 군산 옥구지역의 미야자키 농장, 개정면의 구마모토 농장, 발산의 시마타니 농장, 임피 서수의 가와사키 농장 등 대단위 일본인 농장 7개소를 뚫고 1912년 3월 6일 완공되었다. 전라북도 철도 노선은 일본인 대 농장주들을 위해 놓였다고 해도 과언이 아니다.[8]

삼례역은 완주군 삼례읍 후정리에 있는 역으로 1914년 11월 17일 보통 역으로 영업을 시작했다. 1930년 전라선 광궤 철로도 영업했으며 1997년 8월 30일에 역사를 신축했다. 2008년 11월 1일 화물 취급이 중지되었으며 2011년 6월 1일 전라선 복선전철화 사업으로 지금의 자리로 이전하여 신역사를 준공하였다. KTX는

---

[8] 디지털 완주문화대전(향토문화전자대전)-조선시대 역로와 삼례역 참조

정차하지 않고 무궁화호만 22회 정차하고 있다.

   길 건너 광장으로 가 보았다. 커다란 창고(1920년대 세워진 것으로 목조 4동 조적조 2동이 있다)를 개조한 건물들이 '삼례문화예술촌'이란 명찰을 달고 서 있다. 코로나19 이전에는 꽤 많은 방문자가 있었을 것으로 추정된다.

   삼례문화예술촌은 1920년대 산미 증식 계획과 함께 호남지방 수탈이 가속되던 때 삼례역을 통해 일본으로 양곡을 실어낼 목적으로 만들어진 창고에 기반하고 있다고 설명한다. 2010년까지 농협창고로 사용하던 건물을 완주군이 매입하여 지역 재생을 통한 문화공간으로 조성하였다. 2013년 개관 이후 지역문화 활성화를 위한 중추적 역할을 하고 있다고 한다.

   제1전시관, 제2전시관, 다목적 공간, 공연장, 소매점 등으로 이용되고 있다. 전시관에는 '프랑스와 예술의 혁명 전'이라는 전시회가 열리고 있었다. 프랑스의 유명 화가 그림이 다수 전시되고 있었다, 그중에는 귀한 원본도 전시되고 있다고 하여 확인 결과 서울의 박물관에서 대여해서 전시하고 있다고 전한다. 특별히 눈에 띄는 전시작 중 나폴레옹의 임종에 대한 그림 등 여러 가지 인쇄물도 있어서 놀라웠다. 영국 해군 함장 바실 홀은 1816년 조선 서해안을 10일간 탐사했다. 이때 마량진 첨사 조대복의 홀의 배에 올랐다. 홀은 배의 이곳저곳을 안내하고 책을 선물하기도 했다. 화가 헤이벌이 조대복의 모습을 스케치하였다. 귀국하는 길 세인트 헬레나 섬에 유배되어 있는 나폴레옹을 방문하여 조선의

이야기를 전한다. 그림을 본 나폴레옹은 갓과 장죽에 많은 관심을 보이며 조대복의 풍모는 서양의 어느 사교계에서도 뒤지지 않을 문명인이라고 찬사를 아끼지 않았다고 한다. 이는 홀의 「조선 서해안 항해기(1818)」에 소개되었다.

전시관이나 소매점으로 쓰이고 있는 건물들은 대체로 잘 보전되어 있었다. 칠을 새로 한 흔적이 보이긴 하였지만, 창고의 원형을 이용하여 카페나 책방을 꾸며 놓은 곳도 인상적이었다. 물론 새로 지은 건물들이 다수 배치되어 있긴 하였지만, 옛 모습 그대로 남겨 두려는 노력의 흔적이 보였다.

일제의 잔재라 하여 다 없앨 필요는 없다는 생각이다. 그 또한 우리 땅에 남겨진 우리의 자산임이 분명하다. 그 용도가 무엇이었든 우리가 알고 새겨야 할 역사의 한 단면이다. 경계해야 할 부분은 경계하고 지켜야 할 부분은 지켜가야 함이 옳다는 생각이다.

　삼례예술촌 탐방을 끝내고 비비정으로 갔다. 비비정(飛飛亭)은 고산천, 전주천, 소양천이 합수되어 만경강을 형성하여 서해로 나아가는 광활한 봉동, 삼례, 전주, 익산의 평야 지대가 한눈에 굽어 보이는 요지에 세워져 있다. 선조 6년(1573년) 무인 최영길이 세운 것으로 전한다. 비비정 일대에 백제 토성의 흔적이 남아있는 것으로 보아 이곳은 이미 오래전부터 군사 요충지의 역할을 했음을 알 수 있다.[9]

　삼례 예술촌과 비비정 마을 인근의 문화산업 지역은 이제 완주의 관광명소가 되었다. 삼례 예술촌에서 비비정 마을의 갈대 습지를 지나면 비비정과 만경강 철로에 기차를 세워 놓고 만경강의 은빛 갈대와 함께 유유히 흐르는 강물의 모습을 볼 수 있다. 길게

---

9) 한국향토문화전자대전

놓인 기차로 들어가면 카페, 지역의 특산물이나 소품들도 보고 즐길 수 있다.

늦은 오후의 햇살이 만경강의 갈대숲과 만난다. 반짝이는 은빛 갈대꽃이 하늘거리는 위를 새떼가 날아다닌다. 강가에는 다리가 긴 백로가 긴 부리를 부르르 떨며 먹이를 쪼아댄다. 일제 강점기 잔혹한 일인들에 의해 강제로 직강이 된 만경강을 바라보며 힘없는 자의 설움은 그때만의 얘기로 끝나기를 바란다. 우리가 지켜야 할 것들을 새삼 되새기게 한다.

삼례역, 임피역, 춘포역의 방문을 끝냈다. 군산선의 길이 불과 23.1㎞, 그 길을 연결하여 김제평야의 그때를, 어제를, 오늘을 생각하며 걷는 길이 있었다면 하는 아쉬움이 남았다. 하루면 충분한 그 길이 이리 막히고 저리 막혀 방치되다시피 하니 생각이 단절되고 느낌이 단절된다. 한 선로의 문화와 역사(歷史)를 아우르는 연결이 아쉽다. 춘포역에서 만난 역 지킴이 L 님의 아쉬움도 마찬가지였으니 지역민의 관심이 필요한 일이리라. 그렇지 않아도 인구수가 계속 줄고 있다는 그곳에 사람들을, 관광객을 끌어들일 자원이 존재하고 있음은 자명한 일이다. 다행히 군산시청이나 익산시청에서도 이 지역의 철도 관련 관광 자원화 사업에 관심을 기울이고 있다고 하니 기대해 보기로 한다.

삼례역의 구역사는 담당 기관의 실수인지 역사(驛舍)는 헐어버리고 그 자리에 현 완주 도시문화센터를 지어버리고 말았다. 주변의 터가 아주 넓어서 옆자리에 두고 지어도 됐을 텐데. 그때의 누군가도 나처럼 실수했을 수도 있으니까.

　메모리카드를 아무리 뒤져도 구역사 사진은 없었다. 없어진 게 안타까워 새로 지어 다른 용도로 쓰이는 건물은 사진도 찍지 않았다.

　그래 사람은 좀 실수도 하며 살아야 사람 맛이 난다고 했으니까, 스스로 위로한다.

　이 철로가 전주와 군산의 생활권을 연결하여 우리의 자주권을 한데 모으는 부수적 역할을 했던 사실을 일본인은 미처 짐작하지 못했을 것이다.

2021. 11. 26.

중앙선 · 동해선

무엇으로 경주를 지키게 될까? | **경주역**
누구에게나 아름다운 | **동방역**
무엇으로 태어날까 | **불국사역**
시인의 플랫폼 | **건천역**
다시 가야 할 역으로 | **나원역**
팻말만 덩그러니 남은 | **청령역**
그 날의 그 모습도서 | **서경주역**
역사(歷史)를 전하는 역(驛)으로 | **안강역**
몰래 보는 맛 | **사방역**

무엇으로 경주를 지키게 될까?

경주역

신라 천년의 역사를 품고 있는 경주 방문이다. 간이역을 취재(?)한다는 구실로 전국의 구석구석을 누비는 행운을 누리고 있다. 수학여행의 필수 코스였던 경주를 가 본 지가 40여 년이 다 되어 가는 것 같다. 사실 기억이 별로 없다. 석굴암의 부처를 보고 불국사를 본 기억 정도, 아니 어쩌면 교과서에서 본 내용과 헷갈리고 있는지도 모르겠다.

간이역 방문이라는 대전제(?)가 장거리 여행을 과감히 선택하게 했다. 무언가 목적이 있다는 건 사람을 용감하게 하기도 하고 신명 나게 하기도 한다. 400여 킬로, 5시간 이상을 가야 하는 곳이지만, 두 시간 반이면 갈 수 있는 KTX를 택하지 않은 건 당연한 일이다. 10여 개의 간이역을 방문해야 하기도 하지만, 카메라를 들었을 때의 교통수단은 역시 SUV 자동차가 제격이라는 생각을 욱여넣은 지 꽤 되었기도 해서 매번 차를 가지고 다니는 편이다.

오후 5시경 도착한 경주는 벚꽃이 만개하여 바람이 살짝 불기라도 하면 꽃비가 내리는 모습이 장관이다. 나지막한 건물과 벚꽃길이 어우러진 고즈넉한, 그리고 화려한 모습이다. 높다란 울타리로 가려져 있을 줄 알았던 삼릉은 소나무가 울창한 야산이었다. 경주 배동에 있는 삼릉숲은 남산의 서쪽 기슭에 동서로 3개의 왕릉이 나란히 있어 붙여진 이름이다. 밑으로부터 신라 8대 아달라왕, 53대 신덕왕, 54대 경명왕 등 박 씨 3과의 무덤이라 전하고 있다.

사진작가 배병우 님의 소나무 사진을 상상하며 간 곳이다. 노란 개나리와 벚꽃이 저물어 가는 저녁 빛을 받고 함박웃음을 웃었지만, 그 웃음을 사진으로 담는 건 쉽지 않았다. 물론 다음 날 새벽에도 갔다. 뽀얀 안개가 소나무 숲에 그득히 내려앉아 줄 것을 기대하며. 기도가 모자란 탓이라 여기며 그냥 사진만 맥없이 담고 내려와야 했다.

하긴 배병우 님 사진처럼 찍기 위해서는 하루 가는 것으로는 어림없는 일이다. 며칠을, 몇 달을, 몇 년을 공들여야 한다는데 겨우 두 번 가고 그런 사진을 기대한다는 건 도둑놈 심보라고 해야 할 것이다. 정말 천운이 내린다면 몰라도. 천운이라니 그게 어디 쉬운 일인가? 그야말로 천운인데.

경주 시내로 들어갔다. 아침 빛이 부드럽게 내려앉은 읍성을 지나 성동시장을 향했다. 그 고장의 문화를 알려면 전통시장을 가 봐야 하는 건 당연한 일이다. 말끔하게 정비된 시장을 휘휘 둘러보다 반찬 뷔페라는 밥집에 자리를 잡았다. 온갖 나물 반찬에 우거짓국으로 아침상이 진수성찬이다. 이제는 입맛이 이런 맛, 전통시장의 옛 맛이 좋다. 그리움의 반찬이고 추억으로 배가 부르는 아침이 되기 때문일 거다. 시장을 나오니 경주의 변화가. 도심 건축물 고도 제한이 6층이라니 나지막한 건물들이 문화재와 눈을 맞추고 있는 셈이다. 최근 고도 제한이 36미터의 12층으로 풀렸다고 하니 고도 경주가 난개발이 아닌 멋진 재개발이 이루어지길 바란다.

경주역[10]으로 갔다. 성동시장에서 5분 정도의 거리이다. 1918년 11월 1일 첫 운행을 시작한 역은 103년 만에 중앙선이나 동

---

[10] 경주시 원화로 266(성동동)

해남부선 복선 전철 개통으로 폐역이 되었다. 불국사역 등 17개 역도 함께 운영이 중단되었다. 경주시는 약 14만 평의 대지에 공공청사 등 장기 계획을 추진하기로 했다고 한다. 우선은 시민들을 위한 문화예술공간으로 조성하겠다고 했다 하니 어떤 모습으로 태어날지 기대해 볼 일이다.11)

역사 앞에 서 있는 동상으로 시선이 갔다. 동해남부선 철로에 누워 있던 장애인을 구하기 위해 열차가 달려오는데도 구조의 손을 놓지 못하고 충돌하여 순직하였다는 이기태 경감의 이야기다. 그분을 기리기 위한 동상이 역사 앞 큰 마당에 서 있다. 좋은 일

---

11) MBC 뉴스 김형일 기자 기사에서 발췌

을 한 사람이 동상이 서 있음은
그를 기리기 위함도 있지만, 그와
같아지기를 바라는 마음도 있어서
일 거다. 이곳이 개발된 후에도 그
대로 존속되기를 바라는 마음이다.

2021년 12월 28일 폐역이 된 지
얼마 되지 않은 역사는 문이 굳게
닫혀있다. 역사는 물론이고 철도도
닫힌 문틈으로 겨우 볼 수 있었다.
대한민국 최고의 역사(歷史) 도시인
경주는 도시 전체가 문화재이다. 걷
다 보면 커다란 왕릉이 산재해 있다.
도시를 왕들의 무덤으로 빚어 놓은

듯, 천년 사직 신라의 왕들은 죽어서도 능의 크기로 압도하며 백성들
위에 군림하고 있다. 마치 왕릉을 지키기 위해 시민들이 살아가는 것
처럼. 2013년 10월 1일 한국철도공사는 동해선 경주역, 동래역, 불국
사역 3개 역을 철도기념물로 지정하고 보존 처리하기로 하였다.

왕릉을 보러오는 이들, 경주의 유물을 보러오는 사람들을 실어
나르던 폐역이 된 경주역사가 이제 그 일을 KTX역인 신경주역에
양보하였으니 무엇으로 경주를 지키게 될까 궁금하다.

다시 태어날 폐 경주역의 미래를 기대하며 다음 역인 동방역으
로 간다.

누구에게나 아름다운

동방역

봄날의 따사로움은 아름답고 경이롭다. 초라한 모습의 동방역이 햇살 하나로 화려하게 일어섰다.

경주역을 나와 조금 가면 왼쪽 야트막한 동산 마을에 동방역이 있다. 굳게 닫힌 철문에 미완의 경고문이 기다리고 있었다. 일부 내용을 적지 않고 비워 둔 경고문은 하얀색의 철판에 "~철도안전법에 따라 ( )에 처해 진다."라고 적혀 있다. 무얼 하겠다는 것인지(?), 애교로 봐주자 하고 만다. 자그마한 마을의 역사답게 동네 주민이 수시로 다니는 길목이니 감히 ( )안에 벌칙의 목록을 적어넣기가 쉽지 않았을 것 같다. 매일 보는 동네 사람들의 시선이 따가운 건 역사도 마찬가지일 테니까. 민심이 천심이라 여겼던 대왕의 후예들이 사는 동네일지도 모르고. 상상이 지나치고 있다는 생각에 정신을 차리니 여름날처럼 되어 버린 봄 햇살이 낡은 교회의 십자가에 걸려 있다.

오래된 십자가는 시큰둥하고 무표정한 모습으로 서 있다. 낡은 교회 마당에 묶여 있던 개가 으르렁댄다. 그 녀석은 우리가 동네 사람이 아니란 걸 금방 알아차린 모양이다. 무심히 내려오던 길, 동방리 마을을 지나는 철로를 만났다. 황급히 차를 세웠다. 철로 변에는 개나리, 벚꽃이 흐드러지다. 기다란 나무 의자가 아무렇게나 놓인 곳에는 아직은 연두색인 잡풀이 앞다투어 싹을 돋운다. 동네 처녀들이 기차가 지나가지 않은 시간에 행운의 네 잎 클로버 찾느라 애 좀 쓰던 곳인 것 같다. 네 잎 클로버는 누구나 찾는 것은 아니다. 성미 급한 나는 한 번도 성공해보지 못했다.

아마 그게 시험이었다면 매번 꼴등이었을 것이다. 이곳에서 클로버 잎을 찾던 처자는 옆집 오빠 것까지 찾아 수줍게 내밀었을지도 모르겠다. 어쩌면 그렇게 행운을 찾아 둘이 손잡고 기차를 탔을지도.

활짝 핀 벚꽃이 잠긴 철문 위에서 내리쪼이는 햇살을 막아내느라 애를 쓰고 있다. 동네 어르신이 앉아계시니 벚꽃도 마음이 놓이지 않는 게다. 어르신의 얼굴에 드리운 시원한 그늘은 순전히 벚나무의 열정 탓일 거다. 어르신의 얼굴도 활짝 핀 벚꽃처럼 화사하다. 초콜릿 몇 알 드렸더니 맛난 거 받았다며 일어서서 덩실덩실 춤까지 추신다. 몇 알은 이미 호주머니로 넣으시는 모습이 아마도 손주 녀석들 몫을 챙기시는 것 같다. 지나가던 두 아주머니가 인사를 여쭙자 손을 휘휘 저으시며 얼굴에 화사한 꽃을 피우신다. 날씨 좋은 날 그곳에 나오셔서 오가는 동네 사람들과 눈으로, 마음으로, 손짓으로 인사 나누며 사시는 모양이다.

노년의 행복이 거기에 있었다. 맑고 따사로운 봄날 꽃길에 앉아 오가는 길손들과 눈 맞추고, 말 맞추는 시간의 행복 스펙트럼을 만들어가는 모습이다. 그분의 시간이 역사의 나이를 좇아가고 있는 듯하다.

동방역(경주시 산업로 3490-5)은 일제 강점기인 1919년 1월 4일 무배치 간이역인 도지(道只) 역으로 영업을 개시했다. 해방 후인 1951년 4월 11일 보통 역으로 승격하였으나, 1961년 8월 1일 다시 간이역으로 격하되었다. 1977년 폐지되었다가 1978년 12월 15

일 신호장으로 영업을 재개하여 현재의 역사가 지어졌다. 2021년 12월 28일 동해선 복선전철화 구간이 완공됨에 따라 폐 간이역이 되어 문이 잠겼다.(www.naver.com, 위키백과)

철로변에서 따사로운 봄을 즐긴다. 길게 놓인 나무 의자에 앉아 누군가의 추억 한 토막을 훔쳐 사진에 담았다. 동네 사람들이 자동차를 가지게 되자 관심 밖으로 밀려난 철로는 사람들이 찾아오건 말건 꾸준히 그 자리에 버티고 있던 날들을 회상한다.

멀리서 철로를 걷어내는 중장비 소리가 들린다. 둔탁한 소리가 없어질 즈음 이곳의 철로도, 철로변에 흐드러지게 핀 꽃들도 다른 모습을 하고 있게 될 것이다. 역사가 이곳에 남아 추억을 찾는 이들을 맞게 될 수 있으면 좋겠지만, 그렇지 못하더라도 오늘 내 시간의 기억이 한 공간을 차지하게 되듯이 동방역의 역사도 동네 사람들의 마음에 영원히 남아 있으면 좋겠다. 훗날 잊더라도 억울하지 않게 오늘은 아름다운 모습을 담뿍 담아두자.

오백여 미터 떨어진 곳에 읍내 왕릉이 무서워 도망 나와 우뚝 솟은 아파트 단지가 위압적이다. 아파트의 창문으로 누군가 내려다보고 있다면 이 봄날 철로변 아름다운 모습은 이미 그네들의 마음을 사로잡았을 것이다. 아름다움은 누구에게나 아름다울 테니까.

2022. 4. 9.

무엇으로 태어날까

불국사역

불국사역은 1918년 11월 1일 태어났다. 2021년 12월 28일 폐역이 될 때까지 103년간 경주인들과 희로애락을 함께 한 역이다. 일제 강점기 일인들은 만경평야의 쌀을 수탈하기 위해 전라도의 군산 선(1912년)을 일찍 개통하였던 것처럼 경주 일대의 신라문화 유적에 대한 검은 마음이 이 지역 철도 개통을 서두른 것이 아닌가 하는 의심은 거둘 수가 없다. 그들이 사실이 아니라고 아무리 설명해도 그간 보여준 그들의 행태가 믿을 수 없게 만들고 있기 때문이라고 한다면 억지일까. 억지라고 하더라도 그랬을 거라고 강하게 말하고 싶다.

2021년 12월 28일 경주 인근 17개 역의 동시에 폐역이 되었다. 그중 몇 개 역은 문화시설 등의 새로운 역할을 담당하게 될 것이고, 몇 개는 사라진 역이 될 것이다. 경주 시내의 중심가에 경주의 상징처럼 서 있던 경주역을 거쳐 동방리의 조그만 동방역을 보고 오는 길이다. 불국사역은 경주의 상징이 되다시피 한 불국사를 옆에 두고 있어서인지 1936년 12월 1일 한옥의 건축양식으로 준공되었다. 2013년 등록문화재로 지정되어 폐지 후 존치가 가능한 역사가 되어 폐역이 되었는데도 비교적 깨끗하게 유지되고 있었다.

역사에 도착했을 때는 이미 해가 중천으로 올라 온 후였다. 카메라 렌즈를 통해서 들어온 역사의 지붕은 고급스러운 기와의 골을 타고 온 빛으로 난반사가 심해 촬영을 방해했다. 오랜만에 PL 필터를 사용했다. 난반사가 제거된 기와지붕은 제대로 된 기와집

의 고급스러운 품격을 유지할 수 있었다.

  역사 앞에는 불국사를 방문하는 사람들을 위한 상업시설이 잘 발달되어 있다. 경주의 대부분 간이역이 자동차의 보급으로 인해 폐역이 되었다는 표지판을 보며 쓸쓸함을 느끼게 했다. 주민들의 생활 수준이 향상되었다는 긍정적 측면보다 인구 절벽이 가져온 결과임을 염려하는 마음이 더 커서이다. 불국사역에서 불국사까지는 약 3킬로 정도의 거리로 걸어가기에는 쉽지 않은 거리이다. 시내버스가 있긴 하지만 요즘 사람들은 자동차로 다니는 걸 선호하고 있으니 역의 필요성에 대한 고민이 될 수밖에 없는 상황이긴 하다.

　경주역이나 불국사역 등이 폐역이 된 배경에는 유네스코 문화유산에 등재된 경주의 문화재 훼손이 일어나게 만들어졌다는 이유에서 역사를 경주 외곽으로 옮길 것을 권고하여 이전했다고도 하나 그 사실 여부는 확인하지 못했다.

　불국사를 본 지가 언제인지 기억나지 않는다. 다시 가 보기로 했다. 불국사역을 나와 10분쯤 가면 불국사가 있다. 평일이고 코로나 상황인데도 유명세는 여전했다. 주차장엔 자동차가 가득했고 경내에도 많은 사람이 있었다.

　흐드러지게 피었던 벚꽃이 지기 시작하면서 연두색 잎을 틔운 나무에서는 진한 봄 냄새가 난다. 천년이 넘는 고찰의 향 내와 더불어 절을 에워싼 푸른 숲의 향기가 코끝에 와 닿는다. 워낙 대중화된 사찰이어서인지 절이라는 느낌보다는 여느 관광지의 공원 같은 느낌이다. 교과서에 등장하는 다보탑도 메모리카드 안으로 넣고, 불국사의 대표적 모습의 달력 사진도 한 장 넣어 놓았다.

  경주 시장은 2021년 12월 28일 폐역을 기념하는 행사에서 폐역이 된 경주역, 불국사역 등을 새로운 문화 콘텐츠 사업지로 재탄생시키겠다고 하였다 하니 어떤 모습으로 다시 태어날지 지켜보아야 할 일이다.

  1918년 11월 1일 영업을 개시한 불국사역, 철로변의 향나무가 영업을 개시하기 전 5~10년 전에 심어졌다고 하니 불국사역의 역사를 모두 보아왔을 것이다. 그렇다고 향나무에 역사(驛舍)가 어떻게 태어날 것 같으냐고 물어볼 수는 없으니 기다려 볼 수밖에.

  무엇으로 태어나는 게 103세의 역사(驛舍)가 제대로 된 역할을 하게 될지는 이미 천이백여 살이 넘은 경주의 문화재, 특히 눈을 부릅뜨고 있는 왕릉이 잘 지켜볼 것이라 믿는다.

2022. 4. 9.

시인의 플랫폼

건천역

한지에 쓴 이름을 들고 플랫폼으로 걸어온다. 메마른 천변에서 불어오는 봄바람이 한지의 끝자락을 간질인다. 저녁볕에 얼굴을 내민 시인의 이름이 발그레하게 물들었다. 두 시인의 만남을 상상하며 역으로 들어갔다.

건천역은 경주 시내에서 가장 멀리 떨어져 있는 역이다. 시골의 구불거리는 길을 가던 자동차가 고속도로로 나선다. 경주역, 동방역, 불국사역을 들른 후 건천역으로 갔다. 제일 먼 곳으로부터 시내로 들어오는 길을 택하기로 했다. 새로 신설된 KTX 철로를 벗어난 역이다.

작은 산업도시인 건천은 비교적 소도시 읍내의 면모를 갖추고 있었다. 역의 너른 마당은 폐역이 된 지금은 동네 사람들의 주차 공간이 되어있다. 마을을 끼고 들어간 역사는 아직은 잎을 틔우지 못한 오래된 은행나무 나목이 굳게 지키고 있다. 이곳에도 2021년 12월 28일에 영업이 종료되었다는 현수막이 크게 걸려 봄볕에 얼굴을 그을리며 철로의 출입을 제한하고 있다.

철로변의 빈 의자가 이제는 오지 않을 승객을 기다리느라 목을 빼고 있는 모습이 안타깝다. 폐역이 되건 말건 철로변의 계절은 때가 되면 변해간다. 지난 겨울을 견뎌낸 나목은 연초록 잎새를 틔우고 푸른 하늘을 향해 손짓한다. 기차역을 바라보며 서 있는 아파트 단지에도 노란 개나리와 벚꽃, 늦게 핀 목련이 사이좋게 서서 볕을 쬐는 모습이 다정하다.

경주시 건천읍 내서로 1038-18번지에 있는 건천역은 1917년

역원배치 간이역으로 영업을 개시했다. 2008년 1월에 여객 취급이 잠시 중단되었으나 6월에 다시 여객 업무를 시작하였다. 약 150년 전부터 마을이 번성하였다. 마을 옆 강변이 배수가 잘되어 물이 고이지 않아 항상 건조하여 건천이라고 부르게 되었다고 한다. 주변에는 단석산 신선사 마애불상이 있다.

시인 조지훈 님과 박목월 님이 처음 만난 역이기도 하다. 1942년 문예지 『문장』으로 등단한 청년 조지훈은 박목월에게 편지를 보낸다. 얼굴도 모르지만, 잡지에 실린 주소로 한번 보자고 편지를 보낸다. 목월의 답장이 도착했다. 지훈이 경주 건천역에 도착한 것은 늦은 오후의 해거름이었다. 시골 역의 플랫폼에 내리자 한지에 자기 이름을 써서 들고 목월이 기다리고 있었다.

조지훈 님이 22세, 목월 님이 27세였다. 경주의 여관방에서 문학과 삶을 이야기하며 밤을 새웠다. 그렇게 열흘 이상을 어울린 둘은 헤어졌다. 지훈이 경북 영양의 옛집에서 목월에게 고맙다는 편지를 보내며 쓴 시 한 편, 그 시가 '목월에게'라는 부제를 단 「완화삼」이다. 그 편지에 감격한 목월이 밤새 쓴 화답 시가 '강마을의 저녁노을이여-지훈'이라는 부제를 단 「나그네」라고 한다.[12] 두 시인의 만남을 이어준 그날 건천역의 아름다운 노을을 그려본다. 기다려서 보았다면 시 한 수를 쓸 수 있었을까? 어디서나 급한 성격의 나는 어쩔 수 없이 부족한 자칭 시인이다.

건천역을 나와 읍내로 들어섰다. 작은 성당이 근엄한 웃음으로 맞아준다. 조금 더 가니 예쁜 카페가 눈에 띄었다. 카페 앞에 차를 세우고 일행이 커피 한 잔을 사 들고 왔다. 커피 맛이 정말 좋다. 들어가서 분위기도 즐기며 한 잔 마시고 올 걸 하고 늦은 후회를 해 본다. 카페로 들어갔다면 목월 님의 소식을 들었을지도 모르는 일이다. 고향이라고 하니 사랑을 예찬했던 목월 님의 옛사랑 소식이라도 들을 수 있었던 건 아닐까 하고 쓸데없는 상상도 한다.

「완화삼」의 고향, 「나그네」의 플랫폼으로 월 담이라도 해서 들어가 저녁노을에 얼굴이라도 그을리고 올걸, 하는 후회 아닌 후회를 해 본다. 하얀 도포를 입은 두 시인이 플랫폼의 의자에 앉아 뜨거운 가슴으로 열변을 토하는 모습을 상상해 보았다. 내 가슴도 뜨거워진다.

헐렁한 힙합바지에 하얀 셔츠, 야구모자를 거꾸로 쓴 두 시인이 플랫폼의 빈 의자로 다가오며 손짓한다. 이제라도 두 분께 이렇게 옷을 입혀드리면 엄혹한 시절의 아픈 청춘을 보상받을 수 있을지 모른다고 생각해 보았다.

2022. 4. 9.

---

12) www.naver.com (고두현의 아침 시편) 봄날 경주역에서 처음 만난 목월과 지훈 (stibee.com)에서 참조

다시 가야 할 역으로

나원역

경주 간이역 여행 3일째이다. 10여 개가 넘는 간이역 중 4개가 남았다. 더러는 실망도 하고, 반가워도 하며 다닌 2일 동안의 간이역들, 폐역이 된 후 3개월 남짓한 역들은 무엇을 해야 할지 결정하지 않은 채 그냥 서 있다. 관리자가 없어 철로를 볼 수 없게 막아 놓기도 하고 방치하기도 하여 안타까웠다.

새로운 시도인 간이역 방문 프로그램은 지난해 40여 년의 직장 생활을 퇴직한 나에게 새로운 경험과 감정을, 폐 역사를 보면서는 약간의 동질감 느끼게 한다. 직장을 그만두면서 느꼈던 폐기된 듯한 기분, 이 감정은 아마 100년을 다니고 그만두더라도 같은 느낌일 거 같긴 하다. 어떤 삶이든 아쉬움이 남는 건 미완의 크기와 상관없을 것 같다. 새로운 모습으로 재탄생한 역을 보면서는 나의 새 시작과 같기도 했다. 시작했다는 것만으로 더 애정이 가는 것은 무언가 기대할 수 있어서일 거다.

벚꽃이 바람에 흩날리는 경주 시내를 벗어나 시골길을 가고 있다. 경주역과 청령역 사이에 있는 나원역(경북 경주시 현곡면 나원길 58-6)은 1935년 12월 16일 배치 간이역으로 영업을 개시했다. 1979년 10월 17일 현 역사를 준공하였고, 1980년 4월 1일 보통역으로 승격하여 운행하다 2008년 여객 취급을 중단하였다. 대부분의 시골 간이역이 중단된 이유는 간단하다. 경제 사정이 좋아지고 도로교통이 발달하면서 자동차 문화가 확산하여 기차 이용이 줄어들고 인구가 감소한 영향이다. 젊은이들이 떠난 시골 마을에는 더 이상 기차를 탈 사람이 없어진 것이다. 역 주변이 대부분

농사를 짓는 마을이니 인구가 감소하는 건 당연한 일이다. 학교로 떠나고 직장으로 떠난 사람들은 돈벌이가 안 되고 고되기만 한 농사일에 관심이 없어진 탓이다.

나원역사를 찾아 들어갔다. 길게 이어진 진입로에는 봄이 완연하다. 벚꽃이 활짝 핀 역사는 1979년에 다시 지었으니 신식 건물이다. 강원도와 전라도 쪽의 역사가 개통 당시인 일제시대 건물이 그대로 있는 것과 달리 경주의 역은 새로 지은 역사가 많다. 아마도 강원도나 전라도는 화물이 주된 물량이었고, 이곳은 여객, 즉 사람을 실어 나르는 역이어서가 아닐까 추정해 본다. 이곳도 어김없이 2021년 12월 28일에 폐역이 되었다는 현수막이 걸려 있다. 경주 전역이 그날 폐역이 되었음을 알리고 있다.

아침 볕을 머리에 이고 양옆으로 화사한 벚꽃의 환영을 받으면서도 굳게 문을 닫아건 역사는 어쩐지 쓸쓸하다. 철로로 가 보려고 하였지만 커다란 자물쇠로 잠겨진 문은 끄떡도 하지 않았다. 담장마저 높으니 뛰어넘을 수도 없어 발뒤꿈치를 들어 보았으나 키가 작은 나는 사진조차 찍을 수 없었다. 높이 솟은 문틈으로 몸을 구겨 넣어 들어가 볼까 했지만, 나처럼 작은 사람이 들어갈 것을 염려하였는지 철망까지 쳐 놓아 마치 일제의 재침이라도 염려하는 듯 물 샐 틈 없는 방어 태세를 취하고 있었다.

꼭 그렇게까지 해야 했나 하는 야속함이 있었지만, 관리자들도 안전사고를 염려하였을 테니 어쩔 수 없이 이해하기로 했다. 시간이 지나면 사람이 상주할지도 모르니 다음을 기약할 수밖에 없다.

철로를 보지 않으면 역을 보지 않은 것 같은 이 기분은 무엇 때문일까?

주변 관광지로 나원리 오층 석탑이 있다. 경주 감은사지 삼층석탑과 비교되는 거대한 규모이고, 천년이 흐른 지금도 순백의 빛깔을 간직하고 있어 '나원 백탑'이라 부르기도 한다고 소개하고 있다.

나원역을 나오다 토마토 농가에 들렀다. 한 입 베어 문 토마토는 백화점 마트의 그것하고는 차원이 달랐다. 이것저것 먹어보라고 권하는 바람에 두세 개의 토마토가 게 눈 감추듯 배 속으로 들어갔다. 그만큼 맛이 있었다는 뜻이다. 그냥 나올 수 없는 노릇이다. 이런 맛은 쉽게 만날 수 없으니 당연히 일행은 여러 상자의 토마토를 차에 실었다. 어머니는 당뇨로 드실 수 있는 과일이 과일 옷을 입은 채소인 토마토밖에 없으니 잘된 일이다. 작년은 강화에서 구했는데 올해는 경주산이다. 이런 맛이 시골 간이역 여행의 진짜 묘미이기도 하다.

아무리 생각해도 내년 이맘때 다시 가야 할 역으로 마음을 정해야 했다. 새로운 모습으로 재탄생한 역사와 철로를 다시 한번 보고 싶어서이다. 그때는 철로로 들어가 철로변의 레트로 감성을 맘껏 즐기리라. 토마토도 다시 살 수 있다면 어머니도 무척 좋아하실 것 같다. 토마토로 두둑해진 마음을 두드리며 농장을 나섰다. 청령역으로 갈 예정이다. 역 이름이 참 멋지다. 어떤 모습일지 참 궁금하다.

2022. 4. 9.

팻말만 덩그러니 남은

청령역

1967년 청령리 마을 주민들의 요구로 만들어진 역으로 직원이 한 번도 배치된 적이 없는 역이다. 민간인이 매표 업무를 대행하였고, 1988년 대매소 취급이 중지되어 무배치 간이역으로 남게 되었다. 비 가림막처럼 지붕만 있는 플랫폼도 없는 역사(?)가 외롭게 서 있다. 이마저도 자동차의 이용 증가로 이용객이 줄어 2007년 6월 1일부로 여객 취급을 중단한다는 스티커가 압류딱지처럼 고압적으로 붙어 있다. 그만큼 주민들의 살림살이가 나아졌다는 방증이기도 하니 딱지의 위압이 여름날 얼음처럼 딱한 신세가 된 셈이다.

  주변에는 너른 농지가 한눈에 들어오고 야트막한 산이 있어 살기 좋은 마을이었을 것으로 추정된다. KTX 안강역으로 가는 고가철로가 멀리 보이니 이제는 그림처럼, 전설처럼 남아있는 역이 되어버린 셈이다. 비라도 내린다면 철로변 민가의 매화나무, 개나리꽃의 배웅을 받으며 분위기 있게 산책하기 좋은 역이다. 동산에서 바라보는 탁 트인 조망도 볼만하다. 대여섯 대의 자동차는 세울 수 있는 공간도 마련되어 있으니 봄비 오는 오후 철로변의 안개비에 젖어보는 촉촉함을 상상해 본다.

  가을의 청령역은 어떨까? 누렇게 익은 벼 이삭으로 너른 논밭에 그득하면 마음도 그득해지지 않을까? 철로변에 줄지어 선 전봇대가 키 재기를 하느라 바쁘다. 아침 안개가 낀 날엔 철로와 더불어 한 폭의 그림이 될 것이다. 철로변을 따라 걸어갔던 두 친구가 센티멘털한 표정이 되어 걸어온다. 그네들도 아마 안개 낀 철

로변을, 저 허름한 역사가 안개 속에 서 있는 모습을 상상하며 걸었을 것이다. 사람의 마음에 무엇이 담겨 있느냐에 따라 지금 서 있는 곳의 어떤 곳이 되느냐가 결정되는 것은, 마음먹기에 따라 달라지는 내 마음처럼 내가 서 있는 곳의 풍경도 달라지기 때문이다.

카메라를 열고 안개 낀 철로를, 비 오는 날의 청령 역사를, 눈 덮인 철로변을, 달리던 꼬마 기차를, 역사 뒤편 바위산에 단풍잎이 아름다운 가을날을 상상하며 셔터를 누른다. 상상하던 이미지가 카메라에 담기는 건 아니어도 마음은 이미 이미지 속에 머문다.

무언가로 채워지길 바라는 마음으로 온갖 상상을 동원하다 발길을 돌린다. 상상의 끄트머리에 팻말도 없이 덩그러니 서 있는 역사가 애처롭긴 하다. 모를 일이긴 하다. 어느 혁신가가 상상할 수 없는 이미지를 입혀 놓을지는.

느리게 달리며 동네 아이들을 기다렸을 기차가 멀리서 오는 듯 기차 소리 들린다.

아! 갑자기 청령포가 생각나는 건 그 이름이 비슷해서이겠지.

2022. 4. 9.

그 날의 그 모습도

서경주역

경북 경주시 현곡면 용담로 198-5(금장리) 소재 역이다. 1985년 7월 19일 신호장으로 개설되었다. 경주 시내에서 가까워 여객 수요가 많아지자 1993년 5월 1일 비둘기호 열차가 정차하면서 여객 취급을 시작하였다. 2009년 금장역이었던 역명을 서경주역으로 바꿔 달았다. 경주역을 거쳐 포항역으로 가던 열차가 경주역을 거치지 않게 되면서 경주시 소재 역이라는 것을 알리기 위해 바꾸었다고 한다. 포항으로 가는 대다수의 무궁화호, 새마을호 열차가 경주역 대신 이 역에서 정차했다. 2021년 12월 27일부로 마지막 여객 영업 업무를 마치고, 다음 날 신 동해선으로 이설되면서 폐역이 되었다.(네이버 지식백과 참조).

경주 시내가 가까운 역은 넓은 플랫폼과 역사가 있다. 꽤 많은 수의 승객이 오갔을 것으로 추정할 수 있다. 비둘기호, 무궁화호, 새마을호 등 모든 열차가 정차하였다. 경주의 대표 역인 경주역에 열차가 정차하지 않게 되면서 경주 대다수의 열차 이용객이 이용하는 역이 되었다.

폐역이 된 지 얼마 되지 않았으니 무엇으로 재탄생할지 알 수 없지만, 넓은 플랫폼과 역사가 경주 시민은 물론이고 경주를 방문하는 사람들의 새로운 공간으로 재탄생하길 기대한다. 제일 큰 역인 경주역을 시작으로 8개의 역을 방문하였다. 그중에 죽동역과 율동역은 흔적조차 찾을 수 없었다. 비교적 변두리에 있는 다른 역들은 봄꽃을 피우고 아직 가꾸지 못한 역 마당에 푸릇푸릇 싹을 틔우며 새 삶을 준비하는 모습을 볼 수 있었다.

역마다 다른 풍경, 다른 이야기가 기다리고 있던 모습이 아름답다. 옛 모습을 간직하기도 하고, 다른 모습으로 다시 태어나기도 하며 폐역 이전의 시절을 알리고 오늘을 보여주는 간이역이 되었으면 한다.

다시 찾은 그 날의 그 모습도 여전히 사랑할 것을 약속한다.

2022. 4. 8.

역사(歷史)를 전하는 역(驛)으로

안강역

경주에서의 열 번째 역이다. 경주 여행 삼 일째, 경주로 들어서자 경주는 벚꽃 천하였다. 십여 개의 경주의 간이역을 여행하며 경주 전역에 만개한 벚꽃 덕에 예기치 않게 꽃놀이 여행도 겸하게 되었다. 흐드러진 꽃처럼 마음이 헤퍼져서 히죽히죽 웃음이 난다. 바람이 살짝 불기라도 하면 느닷없이 내리는 꽃비에 환호성은 덤이다. 열 개가 넘는 역을 돌다 보니 경주 시내는 물론이고 경주의 시골까지 모두 섭렵하게 되었다. 이제 경주 일대는 눈을 감아도 찾을 수 있지 않을까 싶다.

안강역은 비교적 번화한 곳이었다. 안강읍은 농촌 분위기이긴 하지만 포항에 가깝고 읍치고는 공장도 많은 편이어서 읍의 역 중에서는 유일하게 동해선을 운행하는 모든 열차가 정차하고 있다. 1918년 협궤철도[13]로 문을 열었고, 동해선 계획수립에 따라 표준궤도[14]로 개시되었다. 현재의 구역사는 1966년 준공하였다. 1992년부터는 새마을호가 정차하기도 하였으며 2015년 서울-포항 간 새마을호 폐지와 함께 다시 무궁화호 필수 역이 되었다. 그 후 동해선 복선전철화로 2021년 12월 28일 신역사로 이전하였다. 신역사는 외곽으로 이전하는 바람에 접근성이 떨어졌다고 한다. 이용객이 적어질 것으로 예상하여 매표업무가 중단되었고, 역무실 앞에 자동판매기가 있어 이를 사용하게 하였다. 카드로만 발권이

---

13) 침목 위에 철제의 궤도를 설치하고, 그 위로 차량을 운전하여 여객과 화물을 운송하는 시설
14) 철길궤도의 두 쇠줄 사이의 너비. 표준 궤간은 1,435mm이고, 이보다 넓은 것을 광궤, 좁은 것을 협궤라고 한다. (www.naver.com 국어사전 참조)

기능하고 열차에 탑승한 후 승무원에게 사도 무방하다.

　안강역도 여전히 철로로 들어가는 문을 닫고 있었다. 철로변에 핀 개나리도 이제는 꽃잎을 떨구고 연초록 싹을 틔우고 있다. 꽃이 지며 역의 역할도 그 임무를 다한 셈이다. 철로를 걷어내고 무언가 다시 새로운 역할로 태어나야 하니 일부 구간은 철도도 걷어내고 있었다.

　경주시는 5,000억 원의 예산을 들여 동해남부선 폐 선로 부지 개발을 본격화한다고 한다. 폐 경주역의 부지를 복합플랫폼 센트럴 타운으로 육성하는 것을 구상 중이라고 한다. 부지의 규모가 큰 역을 중심으로 도시를 개발하고 도시 숲도 조성할 계획이라니 기대해 볼 일이다.15)

　경주의 구 역(驛)이 2021년 12월 28일 폐역이 된 후 경주에는 신경주역~부전역을 잇는 새로운 철도가 개통되어 신 경주역(KTX 통합역), 신 서경주역, 아화역, 신 안강역이 신설되어 그 역할을 대신하고 있다. 이들 역이 외곽으로 빠져나가 구역처럼 마을 안에 있을 때와는 접근성이 떨어지니 주민들과의 밀접도가 떨어져 자연 옛 역들과는 소통 방식이 매우 다르다. 새로운 접근 방법을 모색할 수밖에 없게 되었다.

　폐 안강역을 나오면 인근에 2010년 세계문화유산으로 지정된 양동마을이 있다. 자동차로 10분 이내의 거리이다. 봄을 잊은 날씨가 한낮에는 28도에 달했다. 계절도 제멋대로 왔다 갔다 한 지

---

15) e대한경제신문(www.dnews.co.kr, 임성엽 기자)의 글에서 참조

꽤 되었다. 계절도 사람들의 심성을 닮아가는 모양으로 요즘은 사람도 제멋대로인 사람이 많아진 것 같다. 양동마을의 주차장에 차를 댄 후 오랜만에 보는 구멍가게에서 추억의 붕어빵 아이스크림으로 더위를 달랬다. 1975년에 출시되었다는 비비빅과 함께 추억 맛이 입에서 살살 녹는다.

입구의 큼지막한 고택으로 올라갔다. 전형적인 대갓집이다. 낡아서 들어가지 못한다는 표지판이 옛 집주인처럼 서슬 퍼런 눈으로 지켜보고 있다. 옛 마을의 특성을 보면 마을을 한눈에 볼 수 있는 위치에 그 동네에서 벼슬이 제일 높은 사람이 크게 집을 짓고 산다. 그 아래로 조금 작은 기와집, 다음은 초가집 들이 옹기종기 모여 있다. 초가집은 바로 들로 나가 일을 할 수 있는 위치에 있으니 아마도 소작인이거나 머슴들이 사는 곳일 것이다. 집을 보면 누가 제일 힘이 센지 금방 알아볼 수 있게 마을이 조성되어 있다. 요즘은 그렇지 않다고 말할 수 있을까?

제일 큰 집 울타리 담장에 올라서서 마을을 보니 모든 걸 알 수 있었다. 일행이 마을 안으로 들어갈 거냐는 물음에 여기서 다 보이는데 이 더운 날씨에 왜 가냐며 돌아가자고 했더니 어이없는 표정이다.

재미있는 일화가 있다며 한마디 덧붙였다. 80년대 초 사우디 리야드에 있던 일이다. 넓은 대지에 사우디 정치범 수용소를 짓고 있었다. S 건설의 N 차장은 파견근무를 마치고 귀국할 예정이었다. 후임이 왔다. 제일 높은 곳에 올라 현장을 바라보며 말했다.

손으로 건물의 여러 동을 가리키며 "이하 동문, 인계인수 끝"이라고 했다고 한다. 인수받는 후임은 어이가 없었다. 그렇게 하면 어떻게 하느냐고 항변하자 다 설명하려면 일 년은 더 있어야 할 거라며 천천히 알아가라고 했다고 한다. 나도 그랬다. 저게 양동마을 전부이고, 설명은 안내 책자가 있으니 그냥 가자며.

폐 안강역을 그렇게 설명하는 건 불가능하다. 100여 년의 역사를 절대 무시할 수 없어서이다. 우리네 삶의 질곡을 모두 알고 있을 터이니 좀 더 밀도 있게 주변도 살펴보아야 할 터이다. 훗날 변하게 될 안강역의 미래를 나 혼자 그려본다. 그냥 지금의 모습으로 역사(歷史)를 전하는 역할을 해도 좋을 텐데. 그러기를 간절히 바라며 안강역을 나왔다.

2022. 4. 9.

몰래 보는 맛

사방역

세상에서 가장 재미있는 게 훔쳐보거나 몰래 먹는 거다. 긴장감은 물론이고 맛 또한 일품이다. 참외 서리, 수박 서리 등 주인 몰래 살금살금 들어가서 잘 익었음 직한 것을 골라 따낸 후 옷깃에 쓱 문지른 후 한 입 크게 베어 물면 과즙이 입안으로 쫘 악 퍼지는 그 맛은 무엇으로도 비교할 수 없다. 냉장고는 무슨? 자연의 맛 그대로라 더욱 좋다.

동해남부선에 있는 사방역(경주시 안강읍 사방리 576-3)은 청령역과 안강역 사이에 있다. 일제의 횡포가 한창이던 1918년 11월 1일 보통 역으로 영업을 개시했다. 1958년 8월 4일 역사를 신축하였고, 1976년 화물 취급이 중지되었다. 1991년 소화물 취급도 중지되어 1994년 1월 20일 배치 간이역으로 격하되었다. 2004년 무배치 간이역으로 격하되었다가 2007년 6월 1일 여객 취급이 중단되었다.

주변 관광지로는 금곡사지 원광법사 부도탑이 있다. 부도는 승려의 무덤을 상징하며 그 유골이나 사리를 모셔둔다. 신라 진평왕 때의 승려 원광법사의 사리를 모시고 있다. 원광법사는 화랑도의 생활신조인 세속오계를 제정한 인물로 불교사상뿐만 아니라, 문장에도 능하였다고 한다. 부도가 부서진 채 일부만 남아 있던 것을 최근 복원하여 삼 층 석탑의 형식을 하고 있다.[16]

경주 전역이 불교 유적과 능으로 이루어진 문화재의 보고이고 잘 보존되고 있으니 다행한 일이다.

---

16) www.naver.com, 두산백과 참조

마을의 버스정류장에 있는 역은 폐역이 된 지 오래되어 방치하다시피 하였는지 입구를 찾을 수 없을 정도로 풀숲에 덮여 있었다. 역 입구는 철문이 굳게 닫혀있고 역사는 낡을 대로 낡아 있어 귀곡산장 같다. 그곳까지 갔는데 그냥 오긴 좀 억울하다는 생각이 들었다. 주변을 두리번거리는데 경고표지판이 보였다.

한국철도공단의 경고문으로 '무단 통행 시 사상 사고를 일으킬 수 있으며 1천만 원 이하의 과태료가 부과됩니다.'라는 문구는 무서운데 경고판은 참 나약해 보였다. 경고문이 있는 장소로 사람들이 드나들어 소로까지 나 있다. 예전 같으면 시골에 아이들이 많아 청소년들의 우범지역이 되었겠지만, 요즘 시골은 아이들이 거의 없다시피 할 뿐만 아니라 있다 하더라도 집에서 게임이나 하고 있을 테니 그런 걱정은 하지 않아도 될 것이다. 거친 철로에 들어가 안전사고라도 날까 염려하여 세워 놓았을 것이다.

우선 출판사에서 만들어 준 기자증을 목에 걸었다. 혹시 걸리기라도 하면 멋진 변명거리 한 자락 늘어놓을 준비도 하였다. 변명의 밀도에 따라 벌금이 10만 원이 될 수도 있을 테니까. 그쯤이면 해 볼 만하다. 하긴 토요일 오전에 이곳에 나를 잡으러 올 공무원이 있을 턱이 없을 거라는 확신이 있으니 거침없이 들어갈 수 있었다. 누군가 신고라도 한다면 어쩔 수 없는 일이라 여기며.

　철로에는 얼마 전 철로를 걷어낸 흔적이 있고 아직 수거하지 못한 침목을 높게 쌓아 놓았다. 철로에 남아 있는 가로등은 설치한 지 오래되지 않았는지 스테인리스 폴과 현대식 등이 그대로 남아있다. 철로의 모습을 카메라에 담은 후 역사로 가 보았다. 오랫동안 방치된 역은 '사방역'이라는 역명을 쓴 흰 현판을 멋쩍은 표정으로 달고 들이치는 아침 햇살을 양껏 받고 있다. 역 마당에 다듬어지지 않은 홍매화가 아무렇게나 피어 있고, 나무 끄트머리로 연두색 새싹이 올라오기 시작한다. 역사가 방치되어 있어도 나무들은 계절을 거스르지 않고 꽃 피우고 싹을 내미는데 충실한 거다. 같이 들어왔던 L은 철로의 모습에 실망하였는지 바로 내려가 버리고 혼자 남았다.

　해방 후 1958년도에 지어진 역사여도 여전히 일본식 박공지붕이 형태를 한 모습을 보며 생각이 많아졌다. 다른 역이랑 같은 모습을 해서인지, 36년 일제 강점기 동안 우리의 사고가 일제에 물들어 버려 무의식중에 그렇게 지었을 것 같기도 하여 일면 안타까운 마음이 일기도 했다. 경고문을 일거에 무시하고 몰래 들어간 역사와 철로는 사라져 가는 근대 유산에 대해 안타까움을 느끼게도 하고, 그 넓은 터에 무언가 새로운 역사와 문화를 만들어 갈 수도 있다고 생각해 보기도 했다.
 몰래 들어왔다는 생각에 약간의 설렘, 떨림이 있긴 하였지만, 훔쳐보는 재미가 생각만큼 짜릿하진 않았다.

2022. 4. 22.

포항 · 경주선

영광이 사라진 역 | **포항역**
철로변 산책길 | **효자역**

영광이 사라진 역

포항역

KTX 포항역에서 택시를 탔다. 산업사회의 큰 축이었던 포항역이 폐역이 되었어도 그 위용을 자랑하고 있으리라 생각했다. 기사 아저씨는 그곳에 왜 가냐는 투이다. 포항역 근처 어딘가를 가는 것으로 생각한 그분은 구 포항역으로 간다는 말에 고개를 갸웃했다. 아무것도 없다며 머지않아 포항이 랜드마크가 될 건물이 들어설 예정이라며 기대감을 나타낸다. 전국 어디를 가나 랜드마크가 될 건물이 지어지는 것은 호재 중 호재인 모양이다.

구 포항역이라며 내린 곳에는 아무것도 없었다. 주차장이었던 넓은 공터는 지저분하게 방치되어 있고, 철로가 놓였던 공간은 미처 걷어내지 못한 약간의 침목만 남아 있다. 오래된 향나무 몇 그루가 역이었음을 상징이라도 하듯 외롭게 서 있다. 전국의 대부분의 오래된 간이역이나 폐역에는 향나무가 있는 것을 발견하게 된 건 간이역을 취재하면서 알게 된 사실이다.

포항시 북구 대흥동의 구 포항역은 1914년 간이역으로 출범하여 101년의 역사를 끝으로 2015년 4월 1일 운행을 마지막으로 KTX 동해선 포항역으로 임무를 이양했다. 한낱 시골의 이름 없는 간이역에 불과했던 포항역이 철도 역사에서 의미를 갖기 시작한 것은 1960년대 청룡부대가 신설되면서 월남파병의 출발지가 되면서부터이다. 1965년 10월 2일 새벽 청룡부대 1진이 포항역을 출발했다. 파월 장병이 생사의 갈림길로 가는 출발지였던 곳이다. 백호 부대였던 우리 두 오빠는 부산에서 출발했다고 한다. 월남이 죽음을 눈앞에 둔 전쟁터라는 인식조차 할 수 없었던지 어머니는

부산에 가지 않으셨다. 아니 어쩌면 오빠는 걱정하실 것을 염려하여 어머니께 말씀조차 드리지 않았을 수도 있다. 집안 형편을 감당해야 했던 두 오빠의 위험한 선택이 사뭇 가슴에 닿는다.

그 후 포항종합제철이 시작되면서 제철역과 효자역을 운행하는 통근열차가 신설되어 직원들에게 큰 인기를 얻게 된다. 국내 유일의 기업 통근열차였으며, 프로축구 포항 스틸러스가 탄생하면서 프로축구 경기 관람을 위한 열차로 운행되기도 했다. 2015년 4월 1일 폐역이 되기까지 포항과 경주 영천 울산 등지에서 이른 새벽 눈 비비며 직접 재배한 채소 등을 들고 와 팔면서 생겼던 역전시장의 애환도 뒤안길로 사라져 갔다.

다음 정류장이 죽도시장이라니 가 보기로 했다. 구도심의 길을 따라 걸으며 구경하는 멋도 새로운 볼거리이다. 대부분의 옛 도시

가 역과 시장을 중심으로 형성되었다고 해도 과언이 아니다. 역에서 걸으면 닿을 수 있는 거리에 있어야 시장으로서 기능도 배가 될 것이니 당연한 일이다. 죽도시장 입구 모퉁이에서 채소 등을 바닥에 펼쳐 놓고 파는 어르신들을 만났다. 역이 없어지기 전에는 역전시장에서 장사를 하셨다는 분들이다. 시장에 점포가 없으니 좌판을 깔 수밖에 없다며 역이 없어져서 매우 섭섭했다고 하신다.

느린 걸음으로 시장을 한 바퀴 돌았다. 꽈배기 도넛과 팥이 듬뿍 들어간 단팥 도넛이 펄펄 끓는 기름에서 갓 건져 올라온 모습이 침을 꿀꺽 삼키게 한다. 단 것을 별로 좋아하지 않는 나도 팥이 담뿍 들어간 도넛 앞에서는 무장해제가 되고 말았다. 한 입 크게 베어 물고 손가락에 묻은 단맛까지 빨아 먹고 나서야 걸음을 옮길 수 있었다. 시장 구경의 최고봉은 이런 것이다. 꽤 큰 규모의 죽도시장은 코로나19가 진행 중인데도 북적대는 모습인 것을 보니 구 포항역이 폐역되기 전까지는 대단했었다고 하던 어르신의 말씀을 실감하고도 남는다.

효자역으로 가기 위해 택시를 탔다. 구 포항역 터가 참 넓어서 공원을 만들면 좋겠다는 말에 기사님은 발끈하시며 열띤 음성으로 말한다. 포항역의 역사적 상징성이나 예전의 역할로 미루어 보아 앞으로도 구도심의 발전에 이바지할 수 있는 프로젝트가 이루어져야 한다는 것이다. 지역 발전을 위해 무언가 큰 역할이 필요하다는 주장이다. 랜드마크 아파트를 지을 것이라고도 하고, 무슨 박물관인가를 지을 것이라고도 하며 아직은 그 넓은 터가 해야 할 역할을 정하지 못했다고 한다.

철강산업 발전이 한 축을 담당했고, 파월 장병 출발지, 프로축구 등 한국 역사에서 영광스러웠던 옛 모습이 사라진 자리에 꽃 피울 새로운 영광을 기대하는 포항인들의 심중을 이해할 것 같다.

2022. 5. 29.

철로변 산책길

효자역

　　효자역은 서울의 마포구 연남동 길이 그곳으로 출장을 간 모양새다. 철로변에 조성된 산책길에는 대낮인데도 사람들이 걷는다.
　　통근열차를 타기 위해 달려갔던 효자역은 사람을 태우지 않은 지 꽤 되었다. 2005년 7월 통근열차의 운행을 중단했다.
　　현재는 포스코 내에 있는 괴동역에서 철강재를 싣고 경주의 부조역까지 운행하는 역할만 하고 있다. 철로변의 산책로를 걷노라니 철강재를 가득 실은 열차가 숨죽이며 지나갔다. 숨을 죽인다 한들 철길을 달리는 열차 소리가 한계가 있으니 그저 무심한 척 산책길을 걷는 시민들의 눈치를 살피는 정도일 것이다.
　　2015년 포항시가 효자역-포항역 구간을 녹지화하여 포항만의 특별한 공원을 만들겠다고 공언하였다고 한다. 산책로 길옆으로 조성된 일부 상가에는 카페나 음식점도 조성되어 있으나 미약한 수준이다. 어떻게 시민의 품으로 돌아올지 기다려 볼 일이다.

태백 · 정선선

하늘 아래 첫 역 | **추전역**
고한역의 마을 읽기 | **고한역**
눈물의 골짜기 | **별어곡역**
아라리 곡조 | **민둥산역**
머물고 싶은 역 | **정선역**
사람을 닮은 돌이 서 있는 마을 | **선평역**
모래시계의 역 | **나전역**
풍경이 된 사랑 노래 | **아우리지역**
레일바이크로 태어난 역 | **구절리역**
역사(驛舍)의 소명 | **영월역**

하늘 아래 첫 역

추전역

하늘 아래 첫 동네라는 말이 있다. 서울에서는 보통 산동네를 일컫는 말이었다. 최근에는 이 말이 진원지인 산동네가 거의 재개발이 되어 인근에서 제일 좋은 동네로 변신하고 있다. 숲을 낀 고층아파트가 즐비하게 들어서고 있으니 여전히 '하늘 아래 첫 동네'의 품격을 더 우아하게 유지하게 되었다고 해도 과언이 아니다.

추전역(강원도 태백시 싸리밭길 47-63, 서울에서 233km)은 우리나라에서 제일 높은 역으로 해발고도 855m에 있다. 태백선의 작은 간이역인 추전역은 1966년 연탄 파동이 나자 빠른 무연탄 수송을 위해 태백산맥을 관통하는 선로를 건설하기로 하면서 생겼다. 역을 만들기 위해 전국에서 가장 긴 터널인 정암터널을 개통하며 추전역이 생기게 되었다. 고려 말 충신들이 은둔했던 두문동 고개가 정암터널 위에 있다. '두문불출'이란 말이 유래가 된 곳이다. 석탄산업 전성기에는 추전역 인근에 여러 개의 탄광이 있어 광업소 사택과 거주자가 많아서 비둘기호와 통일호가 정차했다. 석탄산업 사양화가 시작되면서 인구가 감소하여 1995년 여객 취급이 중단되었고, 2016년 무연탄 수송도 중지되었다.

태백역을 나와 추전역으로 가는 내비게이터의 길 안내는 강원도 특유의 지형을 그대로 안내한다. 구불거리는 길은 마치 히말라야를 향하여 갠지스강 강가를 따라가는 험준한 카라코람 하이웨이가 생각나게 한다. 협곡을 따라 올라가면 전국에서 제일 높은 곳에 있다는 천제단으로 가는 만항재가 있다. 전국의 포장도로 중에 제일 높은 곳에 있다.

 늦은 봄 아니 이제 여름인가? 아침 볕이 구불거리는 산길을 따라 길 안내하듯 부드럽게 내려앉았다. 보닛에 반사된 볕이 다시 하늘로 올라 코발트색 하늘과 교감하는지 하늘에서 내려온 흰 구름이 울창한 숲을 이룬 길에 슬몃슬몃 내려온다. 상큼한 공기와 초록 나뭇잎 무희가 안내하는 길을 천천히 갔다. 길섶에 우거진 숲을 피해 함초롬히 핀 들꽃 무더기에도 봄 햇살이 내려와 성급한 입맞춤을 하고 있다. 역 입구에 이르니 너른 주차장이 대기하고 있다. 전국의 간이역에 주차장이 필수적으로 마련되어 있는 것은 사람은 물론이고 연탄 이외에도 생필품의 운송 수단으로서 중요한 역할을 해 왔기 때문일 것이다.

 역으로 들어가고 있었다. 역사 입구의 철로 밑으로 뚫린 통로

(일명 개구멍)가 동쪽 하늘에서 넘어오는 빛을 받아 마치 혹성 탈출을 위한 탈출구인 듯 푸르게 서 있다. 인근 주민들이나 농기계가 드나들 수 있도록 만들어 놓은 곳이다. 철길 양옆으로 나누어 살아가는 주민들의 소통창구였을 그곳을 향해 내 카메라도 탈출을 시도해 본다. 마치 커다란 야외 갤러리에 걸어 놓은 액자를 연상하게 하는 모습이다.

　기차가 서지 않은 간이역인 추전역사는 맞이방을 갖추고 있다. 관광객들이 기념 촬영하거나 방명록을 작성할 수 있도록 문화공간으로 꾸며져 있다고 한다. 오늘은 휴일이어서인지 관리자가 없어 들어가 보지 못했다. 역을 나오면 오른쪽으로 카페와 펜션이 제법 그럴듯하게 꾸며져 있다. 코로나 여파로 문을 닫았는지 인기

척은 고사하고 건물마저 낡아 있고 잡풀이 무성하다. 코로나19가 가져다준 절망 뭉텅이가 크게 묶여서 그곳에도 어김없이 찾아온 모양이다.

겨울이 되어 눈이 내리고 태백 백두대간협곡열차(V-train)인 겨울 눈꽃 관광열차가 운행을 시작하면 기차를 타고 우리나라에서 제일 높다는 추전역으로 갈 수 있다. 다행히 올해 6월 2일부터 정선아리랑열차(A-train)가 운행을 재개한다니 태백선을 기대해도 된다.

하늘 아래 첫 역이라는 추전역에서 가슴을 크게 열어보았다. 코로나19도 한 걸음씩 두 걸음씩 물러나고 있으니 무더위를 피해 추전역으로 다시 들어가 보는 거다.

 싸리밭이라는 뜻을 가진 추전마을에서 싸리를 한아름 베어 싸리비를 만들리라. 코로나를 비롯한 나쁜 기운을 가진 것들은 말끔히 쓸어낸 후 빨간 열차 카페에서 쌉싸름한 커피 한 잔에 우아한 하늘빛을 넣어 마셔 보고 싶다. 여름밤이 되면 카페 앞 예쁜 펜션의 테라스에서 은하수를 찾아 별빛이 흐르는 은하 강을 카메라에 담아 보는 것도 좋을 것 같다.

2022. 5. 28.

고한역의 마을 읽기

고한역

추전역에서 나와 10여 분 남짓 가면 고한역이다. 강원도 정선군 고한읍 고한로 166에 있다. 고토일과 물한리를 통합하면서 각 마을에서 한 글자씩 따서 고한이라고 하였다. 고토일을 토질이 좋은 곳이라 하여 붙여진 이름이고, 물한리는 숲이 울창하고 물이 추위를 느낄 만큼 시원하다고 하여 붙여진 이름이라고 하니 관광 및 휴양지로서의 면모를 갖추는 데 모자람이 없어 보인다.

몇 년 전 매스컴에서 소개되었던 고한마을 호텔 이야기가 생각났다. 간이역을 취재하면서 덤으로 얻는 또 다른 수확은 역 인근 마을을 둘러보는 일이다. 기차역이 대부분 그 고장의 중심지이거나 중심지와 가까운 곳에 세워져 있다. 자동차가 없던 시절에 세워졌으니 접근성이 좋아야 함은 당연하다. 여객뿐만 아니라 그곳에 필요한 생필품의 수송도 포함하였으니 그래야 했음을 짐작할 수 있다.

마을을 지나는 산허리에 우뚝 서 있는 역 앞마을 고한리는 그곳 최고의 상권이 형성되었던 곳으로 짐작된다. 은행, 관공서, 오래된 숙박시설이 아직도 영업을 계속하고 있었다. 그 마을 길에 주민들은 마치 스페인이나 프랑스의 시골 마을처럼 알록달록한 예쁜 색을 입히고 꽃을 가꾸어 그들만의 '고한 골목길(마을 호텔길)'을 조성하였다. 주차장이 필요 없었던 시절에 지어진 건물을 이용해야 하는 불편함은 마을 길 입구에 공영주차장을 마련하여 보완하였다.

이런 길은 걷는 게 최고다. 그리 먼 거리도 아니니 골목 안 카

페에서 풍기는 커피 내음도 맡고, 예쁘게 칠한 문 앞에 놓인 화분 정원도 볼 수 있다. 조그맣게 만들어진 야외 베란다(데크)에서 강아지가 행인들에게 꼬리를 살랑거리고, 하얀 고양이가 조그만 기둥에 올라앉아 졸고 있다. 수십 년 세월을 담아 색이 바랜 지붕의 처마 밑에 몰래 핀 분홍 꽃이 가느다란 허리를 흔든다. 마을 길에 예쁜 가게처럼 꾸민 전시장으로 들어가 보았다. 지역 광고회사라는 그곳은 지역민들만으로 구성된 회사라며 자긍심을 드러내 보였다. 고한역이 다양성의 옷으로 풍성하게, 아름답게 갈아입는 중이다. 석탄산업이 떠난 자리에 들어설 지역문화의 새로운 시작으로 고한마을의 읽을거리를 만들어가고 있다.

1966년 1월 15일 보통 역으로 영업을 개시한 고한역은 70, 80년대 석탄산업 합리와 정책에 의해서 여객 수요가 줄어들어 간이역 수준으로 떨어졌다. 그 후 고한역과 사북역 사이에 강원랜드, 스키장, 골프장이 들어서면서 그나마 여객 수요가 살아 있어 무궁화호가 정차하고 있다. 스키장이나 골프장을 찾는 이들도 마을 호텔 길의 숙박시설을 이용해 보는 것도 색다른 추억이 될 것 같다.

코로나 여파로 문을 닫았던 이곳도 6월 2일 정선아리랑열차(A-train)의 개통을 시작으로 옛 영광을 찾을 수 있을 것이다.

특이한 점으로 고한역은 겨울 스키철이 되면 하이원 스키 열차가 한시적으로 운영된다. '서울역-고한역, 부산역-고한역, 마산역-고한역' 등의 구간을 스키 시즌에 한시적으로 운영하는 열차다. 눈이 많이 내리는 날 서울역에서 열차를 타고 고한역으로 가는 것만으로도 마치 설국열차를 탄 듯한 기분이 되지 않을까 싶다.

체험 테마 게임인 셜록 홈스의 사라진 다이아몬드를 접목한 방탈출 게임도 고한역 바로 옆 기찻길에 낡은 열차로 만들어 놓았다. 지금은 코로나19 탓인지 영업을 못 하고 있어서 들어가 보지 못했다. 하이원 스키 열차와 더불어 MZ 세대에게도 꽤 인기 있는 역이 되어가던 중이었다는 지역 주민이 아쉬움은 이제 엔데믹이 시작되었으니 한시름 내려놓아도 될 것 같다.

마을 주민들이 조성한 마을 호텔과 더불어 새로운 마을 문화마당 길에 새겨 넣은 고한역만의 모습으로 고한역 마을을 읽어보았다. 문화 일기를 다시 쓰고 있는 마을 호텔 길의 이모저모를 카메라에 담았다.

2022. 5. 29.

눈물의 골짜기

별어곡역

사랑하는 이를 떠나보내는 눈물의 골짜기란 뜻을 지닌 역이다. 구슬픈 정선아리랑 곡조와 흩날리는 억새의 어울림을 노래하는 듯 산허리에 살며시 놓여 있다.

『이별하는 골짜기』(임철우)라는 소설이 만들어진 무대가 된 곳이기도 하다.

별어곡의 우리말 표현은 '큰 벼랑이 있는 골짜기 마을'이라는 뜻이라고 한다. 또 다른 이유로 마을 앞 동쪽 강변에 자라 모양의 바위가 있어 마을 이름이 별어실, 별어곡이 되었다는 이야기도 전해지고 있다.17) 전해오는 이야기가 꼭 진실이어야 할 필요는 없다. 그 이야기를 듣는 이들이 심경에 따라 눈물이 골짜기가 되기도 하고, 자라의 방이 되기도 할 테니까.

정선선의 두 번째 역인 이 역은 마을을 지나는 길에 한가로이 서 있다. 역의 크기로 보아 예전에는 역을 이용하는 사람들이 많았을 것으로 추정할 수 있다. 역사 뒤로 산허리를 툭 끊고 우뚝 솟은 아파트가 외람된 얼굴을 뻔뻔스럽게 들고 서 있다. 철로변에 붙어 있는 아파트, 그곳 사람들의 마음에 철로는 상당한 의미가 있는 아파트일지도 모르겠다. 대부분 철로변에 아파트를 짓는 건 소음 때문에 꺼릴 것으로 생각한 내 편견인 것 같다. 어쩌면 주변 인구가 점점 줄어드는 것을 보고 있는 마을 사람들이 아리랑열차(A-train)가 오고 가는 모습을 볼 수 있어 사람 사는 풍미를 더해 주고 있다고 생각하고 있을지도 모르니까.

---

17) 역 마당에 있는 '철도 이야기' 표시석 참조

아리랑 열차의 운행 재개를 위해 단장을 마친 역은 새것의 냄새가 났다. 아련한 기억 속의 낡은 간이역을 연상한 내 탓이기도 하지만, 무언가 아쉬운 점이 많다. 거기에 콘크리트 덩어리인 아파트까지 역 지붕의 옆구리를 차지하고 있으니 안타까움, 의아함(?)으로 남는다.

간이역 여행이 알려준 역의 위치 선정에 대한 내 생각이다. 특성상 시골 마을 지나는 간이역은 경작지나 마을을 내려다볼 수 있는 약간의 구릉지나 산허리를 돌아 철로가 지나간다. 이 역도 같다. 농자천하지대본을 주창했던 시대에 맞추어 농지를 피하고 사람들이 살아가는 마을에서 제일 가까운 곳을 정하였을 것이니 사람 사는 냄새를 중요하게 여겼던 선인들의 지혜였던 것 같다. 최근의 고속철도나 고속도로처럼 직선거리를 위해 마을의 농지 위로 고가를 설치하고 산중에 터널을 뚫어 사람을 위한 도로인지 차를 위한 도로인지 알 수 없게 만들지 않았던 것은 참 다행한 일이다.

그러나 지금은 그 간이역이 대부분 폐역이 되었거나 사용이 많지 않으니 앞으로 존재의 여부가 위태로워지고 있는 점도 안타까운 일이다. 또 다른 방법을 찾았으면 하는 마음이 간절하다. 다행히 KTX가 전국 여러 노선에 관광열차를 개발하여 이미 운행되고 있기도 하고, 폐역을 개발한 관광 상품 구성에도 심혈을 기울이고 있다고 하니 기대해 볼 만하다.

고려 충신 채이헌 외 여러 명이 산정에 올라 고도(古都)를 향해

망 배하고 통곡하며 망국의 한을 한 시(詩)로서 달래었으니 이 시가 정선아라리의 시초가 되었다고도 전해지고 있다. 그들이 살던 7현을 거칠 현동이라 칭하였고 고사리를 뜯던 산을 백이산이라 전해져 오고 있다18). 정선아리랑의 탄생이야 어디면 어떻고 어느 역이면 어떤가. 이미 고전이 되어가는 마당이니. 정선아라리와 별어곡역의 이야기가 어우러져 아름다운 이야기가 있는 역으로 거듭나서 그곳을 찾는 이들이 가슴을 적시는 별어곡역이 되어 있으니 그거면 족하다.

   소설 『이별하는 골짜기』를 읽어보지 않아 알 수 없지만, 역명을 닮은 애잔한 내용이 아닐까 추정해 본다. 한 번 읽어 볼 것이다. 별어곡역을 만난 기념으로라도. 눈물의 골짜기 별어곡역을 잘 나타내는 소설이기를 기대하며.

   철로에 서서 먼 산을 바라보았다. 구름을 두른 산허리가 말을 건다. 구름이 매무새를 가꾸어 내 앞으로 달려온다. 눈물 따윈 잊으리라 말하는 듯하다.

2022. 5. 28.

---

18) 아리랑의 발상지에 대한 설명(역 안내문에서 발췌), 정선군 남면 칠현로 소재

아라리 곡조

민둥산역

역 이름만으로도 사연이 많아 보였다. 무언지 모를 아릿함이 민둥산 자락에 매달린다. 증산역이라는 이름으로 1966년에 개통된 역은 태백선에서 정선선으로 향하는 지선이 분리되던 역이다. 증산이란 지명에서 유래된 역이었으나 석탄 시대가 가고 점차 사람들의 기억 속에서 멀어져 갔다.

민둥산역(정선군 남면 무릉1로 128)이란 이름표, 약간의 안쓰러움을 느끼게 한다. 크고 작은 여덟 개의 구덩이가 있다는 발 구덕이라는 별칭을 가진 땅에 화전을 일구었다. 지역민의 삶을 위해서 정부는 궁여지책으로 묵인할 수밖에 없던 시대를 살아야 했다.

계속된 화전으로 식생은 변화를 피해가 갈 수 없어 억새 이외에 아무것도 자라지 못하는 산이 되었다. 억새가 지고 나면 까까머리 같은 민둥산만 덩그러니 남아 있게 되어 붙여진 이름이 민둥산이다. 요즘은 20만 평에 이르는 민둥산에 억새꽃이 장관을 이뤄 가을이 되면 억새 축제를 보러오는 사람들로 민둥산을 덮는다.

형형색색의 등산복을 입은 사람들로 또 다른 꽃을 피우고, 바람에 흔들리는 억새와 더불어 한 폭의 유화를 그리는 화려한 이젤이 된다. 사람도 자연도 변화에 순응하며 살아가는 지혜를 배우고 있는 곳이다. 2004년 구절리역이 레일바이크 운영으로 영업을 중단하였다. 지금은 민둥산역에서 아우라지역까지 정선선 아리랑열차(A-train)가 관광열차로 거듭나 코로나19로 잠시 중단되었다가 2022년 6월 2일부터 재개 예정이다.

정선아리랑열차가 재개된다는 것만으로 설렜다. 피할 수 없었던

팬데믹이 가져온 일상 회복의 신호탄이 이곳에서부터 터져 나온 듯 한적한 철로변에는 보수공사가 한창이다. 느린 기차를 타고 플랫폼에 내려 새털구름이 수놓은 하늘을 보는 것만으로도 마음이 한껏 고조된다. 민둥산역도 이제 단장을 끝낸 모습이다. 크게 꾸미지 않아도 가을을 기대하게 하는 민둥산 억새꽃이 있고, 플랫폼에 서면 50여 년 동안 지역민의 애환을 고이고이 접어놓은 철로에 숨은 이야기를 더듬게 한다.

석탄 시대 까만 먹물이 흐르던 강물, 그 먹물을 적셔 마음을 달랬음 직한 고려 충신들의 애환도 철로로 들어온다. 지나간 것은 지나간 대로 남아있는 것은 남아 있는 대로 어느 것 하나 빼놓지 않고 아리랑 열차(A-train)에 싣고 아라리 곡조와 더불어 우리네 가슴속에 오래오래 담기게 될 것이다.

TV 화면을 가득 메운 억새의 흔들림, 아라리 곡조가 대금을 탄다.

2022. 5. 28.

머물고 싶은 역

정선역

머물고 싶은 역, 이제부터 느껴봐야겠다. 정선은 강이 굽이쳐 흐르는 좋은 땅이라는 뜻의 '잉매'였다고 한다. 통일신라시대 효를 숭상하고 선한 것을 좋아한다고 하여 정선이라 불리게 되었다.

1967년 보통 역으로 영업을 시작한 정선역은 우리나라 석탄산업의 거점이었다. 이 역은 작고 아담한 다른 역과 달리 2층의 반듯한 현대식으로 건설되었고, 역사의 크기도 다른 역에 비해 2~3배 크기였다. 석탄산업 합리화 이후에도 유일하게 보통 역으로 운영되고 있다. 관광객의 방문이 많은 까닭이다. 매장과 북카페가 운영되고 있으며 객차를 개조해 만든 게스트하우스가 운영되고 있었다. 철로에 서 있는 개조한 객차 주변으로 풀이 무성하다. 코로나19의 여파는 이곳도 비켜 가지 않은 모양이다.

1966년 2월 17일 문을 연 전국 최대 규모의 민속 재래시장인 정선 오일장은 주말이면 발 디딜 틈이 없을 만큼 성업 중이다. 정선을 지나는 길이면 으레 장이 서는 날을 따져 들르는 편이다. 시골, 산골의 정취를 물씬 맡을 수 있어서다. 어르신들께서 보따리, 보따리 이고 지고 온 산나물 약초 등이 즐비하니 구경도, 사는 것도 관광상품이 되는 곳이다. 정선 할매가 지어야 맛이 난다는 정선 곤드레밥에 갖은 나물이 지천이니 군침이 저절로 입안을 맴돈다.

몇 년 전 정선 두이봉 산행을 마치고 오는 길에 들른 밭 가운데 덩그러니 있었던 정선 곤드레 비빔밥, 두 시가 다 되도록 곯았던 배가 정선 아지매의 손맛 가득 담긴 커다란 접시에 산처럼 쌓인 갖은 나물, 밭두렁에서 푹 익힌 장맛이 더해지니 맛을 설명할

수 없었다. 어떤 설명으로도 모자란 그 맛은 10여 년이 다 되어 가는 지금도 입안에서 맴돌고 있다.

크고 화려한 역사에 비해 최근에는 코로나19 여파로 여객선만 간간이 운행되고 있다니 정선역의 역할이 무색할 지경이다. 다행히 6월 2일부터 정선아리랑열차(A-train)가 운행을 재개한다고 하니 제 덩치에 맞게 소생할 수 있을지 기대해 봐도 좋다.

정선선 간이역 탐방은 정선역에서 시작하여 정선군 곳곳의 간이역을 가게 되니 도시의 때를 말끔히 걷어내어 신선이 되게 한다.

정선역을 나서서 그 유명한 몰운대로 길을 떠났다. 황동규 시인이 극찬해 마지않았던 몰운대, 역을 떠나 30여 분을 가면 소금강의 아름다운 협곡이 길 안내를 나선다. 가다가, 가다가 멈추어 설 수밖에 없는 곳에 차를 세우면 협곡과 어울림이 좋은 푸르름 가득한 절벽이 눈앞을 막아선다. 파란 하늘의 새털구름도 시새움 가득한 손짓을 더 하고, 협곡을 흘러온 바람이 쉬어 간다고 눈인사한다.

몰운대에 오르면 정선의 시인 묵객이 구슬픈 아라리 곡조깨나 읊었을 몰운정으로, 정의할 수 없는 바람의 향기가 한가득 들어와 마음에 담긴다. 해가 서쪽으로 기울기 시작하면 몰운대에 입혀진 황금 옷이 임금님 곤룡포라도 된 듯 화려함을 자랑한다. 기우는 해를 뒤꽁무니에 매달고 길을 나서서 태백의 숙소로 가는 길이다. 아쉬움은 언제나 그만큼의 크기로 남는다. 몇 년을 벼르고 별러 온 몰운대 방문은 정선 여행의 별미다. 특미다.

　가을이 오면 다시 갈 것이다. 몰운대의 가을을 즐기러, 정선역에서 아리랑 열차를 타고 정선의 모든 것을 즐기기 위하여.
　내가 머물고 싶은 역이기 위해선 몰운대가 있어야 했다. 정선선이 있어야 했다. 황동규 교수의 그 몰운대, 이제는 나의 몰운대가 되어가고 있다. 황 교수님께선 아직도 편지를 읽지 않았다. 나의 몰운대라 하는 속마음을 알아채셨을까?

2022. 5. 28.

사람을 닮은 돌이 서 있는 마을

선평역

사람을 닮은 돌이 서 있는 마을이라는 뜻의 선돌의 한자 표기에서 비롯되었다고 한다. 선평역은 1967년 1월 20일 보통 역으로 영업을 개시했다. 2011년부터 여객 취급이 중단되었다가 2015년 정선아리랑 열차(A-tain)가 정차를 시작하면서 옛 모습을 지닌 역으로 재탄생하여 영화 및 광고 촬영지로도 각광 받는 역이 되었다.(역내에 설치된 표시판 '역 이야기'에서 발췌)

아담한 역사는 아직 문을 열지 않았다. 코로나19로 운행이 중지되었던 정선아리랑 열차가 6월 2일부터 개통한다는 현수막이 바람에 펄럭이고 있으니 일주일 후면 역사의 문도 개방될 것이다. 역사와 역내의 시설물도 깨끗하게 단장을 끝내고 2년 동안 끊겼던 관광객을 맞을 준비를 끝낸 모습이다. 역사와 철로변 산등성이 위로 흘러가는 하얀 구름도 손님 맞을 준비로 긴장하였는지 그 매무새를 수시로 바꾸며 몸단장이 한창이다.

정선아리랑이 발상지라는 지역 이야기에는 역에서 1킬로 거리에 있는 거칠현공원을 소개한다. 고려가 망하면서 왕조에 대한 충성을 다짐한 72현 중 거칠현동으로 옮긴 7현(전오륜, 변귀수, 김충한, 고천우, 김위, 이수생, 신안)을 기리기 위한 공원이다. 7현이 비통한 심경으로 노래한 한시를 지방의 선비들이 뜻을 풀이하여 민간에게 알려 주었고 이를 구전되던 토착 민요와 접목하여 부르게 되었다. 이에 따라 선평 지역을 정선아리랑의 발상지라고 하고 있다.(역내에 설치된 표시판, '지역 이야기'에서 발췌) 정선선의 모든 곳의 그들의 은거지가 되었을 터이니 콕 찍어 선평역만을 발상지라고 할 수 있을지 알 수 없으나, 숨어 살아야 했던 선비들과 민초들의 심경이 다르지 않았음은 지금의 정선아리랑 곡조만으로도 충분히 짐작할 수 있다.

마을 안길을 지나 약간의 구릉지에 올라앉은 역사 마당에 서면 마을 사람들이 사는 모습이 한눈에 들어온다. 곧 여름이 온다는 예고라도 하는 듯 뜨거운 태양이 콘크리트로 포장된 마을 길의 복사열을 역 마당으로 올리지만, 5월의 바람에 아직은 속수무책이다. 역 마당 왼편 오래된 나무 몇 그루가 진실을 알고 있다는 듯 빙그레 웃는다. 얼른 나무 밑으로 들어갔다. 아름드리 고목은 산을 넘을 바람을 한껏 끌어당겨 초행에 서투른 여행객의 마음을 붙든다. 나뭇등걸에 몸을 기대어 눈을 감았다. 고려 충신이라 자평했던 그분들의 마음에도 같은 말을 걸었으리라.

"세월아 네월아 나달 봄철아 오고 가지 말아라 알뜰한 이팔청춘이 다 늙어를 간다. 월미봉 살구나무도 고목이 덜컥 된다면 오던 새 그 나비도 되돌아간다."[19)]

정선아리랑의 한 대목이다. 고려 왕조에 대한 충성심만으로 하릴없이 늙어가는 심경을 아린 마음으로 노래했으리라. 이팔청춘까지 들먹일 필요도 없다. 이미 다 지나간 세월을 무엇으로 붙잡겠는가. 지난 세월이 아쉬움은 예나 지금이나 다르지 않으니. 하더라도 오늘은 이곳 선평역에서 내 세월을 보낼 수 있으니 그것으로 충분하다.

---

19) 석로(惜老) 정선아리랑 가사 무상편, wwwnaver.com. 정선군청, 정선 여행 편 참조

역 마당을 내려오면 민가가 줄지어 서 있다. 개통 당시에는 철도역이 최고의 교통수단이었을 테니 기차 소리가 나건 말건 최고의 요지였을 것으로 보인다. 아니, '칙칙폭폭 기차 소리 요란해도 우리 아기 잘도  잔다'라는 동요 가사가 있을 정도이니 마을 안 기차역이 소중함은 두말할 것도 없으리라.

역으로 가는 벽에는 교복을 입은 남녀 학생이 얌전히 서 있다. 정선으로 통학하기 위해 이 역을 이용했던 학생들의 모습일 것이다. 정선중학교 선생이었던 내 친구의 제자도 이 그림에 있을지도 모른다. 80년대 초 정선중학교 선생이 되었던 친구 덕에 정선의 검정 시냇물을 진짜 보았다는 친구들의 얘기는 거짓말처럼 들렸지만, 사실임이 입증되었다.

사람을 닮은 돌이라는 마을에서 그 돌을 찾겠다고 나섰다면 아마 사람들이 웃고 말았겠지? 그래도 한 번쯤 찾아보고 올 걸 하고 후회가 된다.

2022. 5. 28.

모래시계의 역

나전역

나전역은 영화, 드라마 촬영지로 명성이 남다르다. 1992년 우리들의 일그러진 영웅이 시작했다. 길 가던 버스조차 멈추게 했다는 1995년 드라마 모래시계, 킬미힐미, 문화 대통령이라 불렸던 서태지 휴대폰 CF까지 갔으니 가히 그 인기를 짐작하고도 남는다.

1969년 10월 15일 보통 역으로 영업을 개시한 나전역은 1993년 역원 무배치 간이역으로 격하되었다가 2004년 정선-구절리 간 열차 운행 재개로 간신히 되살아났다. 2015년 정선아리랑 열차의 운행 개시는 산업역군이 아닌 관광열차로의 변신에 성공하였다. 2년 전 세계를 강타한 코로나19는 아리랑 열차마저 멈추게 했다. 다행히 2022년 6월 2일 자로 정선아리랑 열차가 운행을 재개한다고 현수막까지 걸었으니 철마는 달리고 싶다고 외치며 외로이 누워있던 철로가 기지개를 켜고 있다.

새 단장을 마치고 열차가 오길 기다리고 있는 나전역의 철로변에 서 보았다. 검은 쌀이라 불리던 석탄을 싣고 달리던 열차는 다시 관광객을 싣고 달리게 될 것이다. 나전역에서 내려 '올림픽 아리바우길'이라 불리는 길을 따라 17.5킬로를 걸으면 정선 오일장이 있다. 관광객의 나들이 코스가 된 정선 오일장(1일, 6일)은 지역 농산물은 물론이고 지역민의 삶의 애환, 왁자지껄한 장터 아줌마의 넉살 좋은 입담까지 들으며 느끼는 새로운 힐링 포인트가 되었다. 아름다운 강변길을 가는 이 길은 저절로 신선이 되어 걷고 있는 나를 발견하게 된다. 아우라지역, 구절리역까지 걸어가다 꽃벼루재 전망대에 올라 아름다운 조양강의 풍경 감상은 덤으로 주

어지는 행운이다. 인근에는 1박 2일 촬영 이후 유명해진 '빙빙스카이워크'도 있다. 한반도 모양의 밤섬 둘레를 동강 물줄기가 180도로 감싸고 흐르는 비경으로 유명하다.

카페가 되어있는 역사 안은 철도 운행 재개를 앞두고 새 단장을 마치고 운행을 시작하는 6월 2일을 기다리고 있다. 깨끗하고 정겹게 단장을 마친 철로변 마당엔 너와집 한 채가 소나무 병정의 호위를 받으며 봄볕에 일광욕 중이다. 강원도 지방의 주거 형태인 너와집은 이제 사라져 가는 모습이어서 이렇게라도 볼 수 있어 다행이다.

통표걸이라는 나선형 모양의 조형물이 눈에 들어왔다. 통표는 '운전허가증'으로 통표 휴대기에 넣어 다음 역으로 운행한다. 역장에게서 통표를 받아야 발차가 가능했고, 하나의 역 사이에서는 한 개의 통표만 사용되었다. 아날로그 시대 안전 운행을 책임졌던 열차 운행 시스템의 하나였다. 지금 아이들이 이런 걸 상상할 수 있을까? 운행을 마친 기관사가 통표걸이에 흐뭇한 표정으로 통표를 거는 모습을 상상해 본다. 일을 마치고 귀가하는 기관사의 마음도 통표를 받아 갈 동료의 안전을 기원했으리라.

 정선의 다양한 문화를 보여주고 싶은 지역민들의 마음을 담아 조성된 나전역은 앞으로도 영화, 드라마 촬영지는 물론이고 다양한 콘텐츠를 품은 아름답고 소박한 관광지로 거듭날 것이다. 나전역이 관광객의 마음을 사로잡아 지역민들의 삶에 한 역할을 담당하는 프로그램으로 무장하여 활성화되길 기대한다.

 드라마 모래시계를 다시 볼 기회가 될지 모르겠지만, 볼 수 있다면 눈여겨 보아두리라. 그때의 나전역을 보는 것도, 또 다른 감성을 찾아내는 꽤 의미 있는 일일 테니까.

2022. 5. 29.

풍경이 된 사랑 노래

아우리지역

아우라지역은 '풍경이 된 사랑 노래'라는 문패를 달고 서 있다. 정선의 어디를 가든 정선아리랑이 발상지라는 문패는 필수품이 되었다. 사실 정선 어느 골짜기든 가사의 내용을 충분히 설명하고도 남으니 무어라 나무랄 수도 없다.

정선의 아우라지는 북쪽 구절리에서 흘러나온 구절천과 남동쪽의 임계에서 흘러나온 골지천이 만나는 지점이다. 아우라지란 '어우러지다'의 우리 옛말로 정선아리랑의 백미인 '사시사철 그리워서 못 살겠다.'라던 가사의 공간이라고 한다. 물길 따라 한양으로 목재를 운반하던 뗏목 터로 뱃사공이 떠나는 모습을 보는 듯 아우라지 처녀 상이 아련한 모습으로 서 있다.(역사 앞 철도 이야기)

1971년 여량역으로 출발한 역은 20년 후 석탄 합리화 정책으로 역원배치 간이역으로 격하되어 석탄 수송이 막을 내렸다. 1급수 희귀 어종인 어름치가 사는 청정지역에 대한 사람들의 관심이 높아지면서 어름치를 테마로 한 아우라지역으로 다시 태어나고 있다. 어름치 모양을 한 카페인 '어름치 유혹 열차 카페'를 세우고 역 마당 앞은 이미 다양한 먹거리와 지역 상품점, 카페 등이 즐비하다.

구절리역에서 출발한 레일바이크의 기착지이기도 한 역은 구절리역에서 레일바이크를 타고 온 승객을 기다린다. 플랫폼은 레일바이크 승객을 태우고 구절리역으로 돌아가는 승객을 위한 승차장이 되었다. 구절리역에서 레일바이크를 타고 내려온 승객의 땀은 아우라지역의 카페나 아이스크림이 식혀준다. 아이스크림은 역

시 비비빅이 최고다. 몇십 년을 버티어 온 이유가 있다. 옛날 팥빙수 맛으로 오늘 같은 날은 먹어 줘야 한다는 신념이 생긴다. 비비빅을 사서 추억을 곱씹으며 맛있게 먹었다. 식당가의 맛깔 나는 음식은 페달을 돌리느라 에너지를 소모한 승객들의 에너지 보충을 위해 대기하고 있다. 이틀 후면 여름이 시작인 6월이 되고 6월 2일부터 재개한다는 정선아리랑 열차(A-train)가 운행될 예정이어서인지 아우라지역은 정선군의 어느 역보다 활기가 넘친다. 향토 먹거리 매장으로 들어가 보았다. 지역 상품인 떡과 커피를 주문했다. 아직은 서툰 서비스지만 마음만은 넉넉하여 먹어보라며 집어주는 어르신의 떡을 받아먹었다. 그 맛이 일품인 것은 어르신의 마음 맛 탓일 거다.

 일찍 찾아온 여름 탓인지 아우라지역은 나들이객으로 만원이다. 코로나 이전에는 훨씬 더 많은 사람이 있었는데 코로나 팬데믹

동안 사람들이 발길이 뚝 끊겨 지역 살림에 무너질 지경이었다고 한다. 지금은 마치 쇼핑몰을 연상이라도 하듯 미용실까지 있는 것으로 보아 대단한 상권을 형성하여 손님 맞을 채비를 하고 있다.

젊은 세대를 겨냥한 레일바이크 역으로의 변신이 한국의 마지막 기차역이라는 구절리역과 연계한 프로그램이 성공을 거둔 셈이다. 아우라지역이 기차역의 기능보다 레일바이크 역의 기능에 더 역점을 둔 것 같다는 생각이 들었지만, 정선아리랑 열차가 재개되면 또 다른 기차역으로의 기능도 재개될 것으로 보인다. 간이역 여행 중 제일 번창한 사례로 성공하였다고 볼 수 있다. 물론 성공의 척도를 어떻게 보느냐에 따라 달라질 수 있긴 하다. 변신한 아우라지역이 지나치게 상업화되었다는 느낌이 없지 않지만, 그러면 어떤가. 역의 기능이 사람들의 생활 편의와 생존을 위해 시설되었으니 그 역할을 충분히 하면 될 것이다.

궁궐을 지을 나무를 뗏목에 싣고 떠나던 임을 눈물로 보내야 했던 아우라지 강가의 처녀, 오늘은 기차를 타고 돌아올 임 마중을 아우라지역으로 나갈 채비를 하느라 상기된 얼굴이다. 그녀의 눈에 비친 풍경은 사랑이 되어 아우라지역에 영원히 남아 있을 것이다.

2022. 5. 29.

레일바이크로 태어난 역

구절리역

구절리역에 도착했을 때는 한낮의 태양이 마치 남프랑스의 태양처럼 주차장을 하얗게 달구고 있었다. 드넓은 주차장은 주말인데도 한적하다. 코로나 이전에는 주차장이 모자라 길가까지 차지하던 모습은 아직은 옛말이라는 지역민의 말에 한숨이 묻어있다. 다행히 6월 2일 정선아리랑 열차(A-train)가 운행을 재개한다니 그 후를 기대해 볼 일이다.

정선 레일바이크를 타려면 구절리역으로 가야 한다. 정선선의 철도역으로 정선군 여량면 노추산로 749에 위치하였다. 2002년 집중호우로 아우라지역과의 사이의 철로가 날아가 버려 영업이 중단되었다. 태풍 루사로 복구하지 못하다가 2004년 2월 복구가 완료되어 영업을 재개하였으나 9월에 영업을 중단했다. 2005년 7월 코레일 관광개발에서 레일바이크 선로로 개조하여 영업을 시작했다. 아우라지역까지 정선 풍경 열차라는 노랑 관광열차도 운행하고 있다.

구절리란 명칭은 하천이 유천리 강과 어우러져 구절양장의 형태로 흐른다는 뜻에서 비롯되었다.[20] 곤충 펜션(개미, 사마귀 등)이 있으며 아이들을 위한 시설인 벅스랜드가 아이들의 시선을 사로잡는다.

7.2킬로에 이르는 구절리 아우라지역 간 레일바이크는 기차를 대신하여 천천히 간다. 사람의 힘으로 가야 하니 각자의 힘의 양에 따라 속도가 달라지는 건 당연한 일이다. 터널을 지날 때는 현

---

20) www.naver.com. 위키백과 참조

란한 조명으로 마치 혹성이나 화성으로 가는 비상구 탈출을 연상시킨다고 한다. 울창한 숲을 지날 때는 천천히 힐링하며 달리고, 터널을 지날 때면 속력을 내는 것도 좋을 것 같다. 오미크론 감염 후유증으로 관절염을 앓는 중이라 레일바이크를 타지 못해 상상만으로 자동차 운전석에서 다리만 돌리곤 해야 해서 매우 아쉬웠다. '노세, 노세 젊어서 노세'라는 말이 이렇게 절실하게 와닿은 적이 있던가.

주변 관광지야 정선군의 모든 관광지가 해당하겠지만, 오장산 오장폭포가 유명하다. 경사 길이가 209미터이고 수직 높이가 127미터로 전국에서 가장 큰 규모라고 한다. 봄 가뭄이 수개월째 이어지고 있어 가지 않고 다음을 기약했다. 또 있다. 정선의 '몰운대' 시인 묵객이 머물며 시를 읊었고, 내가 제일 좋아하는 황동규 시인의 沒雲臺 行[21])이 살아 숨 쉬는 곳이다. 설명이 필요할까? 500년 송을 품고 유유자적 수백 년을 사는 몰운대의 우뚝우뚝 솟은 바위와 너른 바닥에 벌렁 누워 하늘을 볼 수 있다. 꼭 가 봐야 할 힐링 포인트이다.

그동안 매스컴에서 구절리역의 레일바이크는 꽤 많이 소개되어서인지 주변엔 제법 규모 있는 상권이 형성되어 있다. 역을 나와 식당으로 들어갔다. 카페 겸 식당인 이곳은 바닥이 물이 찼었다고 하며 꿀렁대는 그대로 영업 중이다. 코로나 여파로 많은 수의 영업장이 주인이 바뀌었다고 한다. 2년여 동안 영업을 할 수 없었으

---

21) 황동규 시인의 시

니 당연한 귀결이기도 하다. 새 정부가 코로나 보상에 대한 의지를 대선 이전부터 천명하고 있으니 제대로 된 보상으로 이들이 살림살이가 정상으로 돌아갔으면 좋겠다.

정선 하면 산나물 비빔밥이라며 시킨 비빔밥은 '글쎄' 더 이상의 표현이 부담스럽다.

레일바이크를 타고, 개미 펜션에서 잠을 자고 여치 카페에서 쌉싸름한 커피 한잔의 호사를 누리려면 관절부터 튼튼히 해야 하는 게 우선이다.

소금강 길을 따라 굽이진 길의 비경을 보며 달리는 드라이브 맛도 꽤 괜찮다고 다독이며 길을 떠났다.

2022. 5. 29.

역사(驛舍)의 소명

영월역

역사(驛舍)가 그 규모의 책임을 져야 하는 건 당연한 일이다. 그렇지 못한다면 아무리 화려한 역사라도 사라져 버릴 것이고, 커다란 플랫폼은 사람이 발길을 그리워하는 외로운 신세가 되고 말 테니까.

영월역은 태백선을 경유하는 모든 여객열차, 정선아리랑 열차가 정차하는 곳이다. 1955년에 만들어진 역사는 한옥 스타일의 역으로 크고 화려하다. 동강 래프팅, 단종 유배지인 청령포, 태백 방면, 동해 방면, 정선 방면 등 이용하는 승객들이 많아 역사는 물론 플랫폼도 상당한 규모이다. 역사를 나서면 잘 발달한 소도시가 기다린다. 먹거리, 볼거리를 잔뜩 풀어 놓고 코로나19가 풀린 시대의 새로운 꿈을 꾸며.

광공업이 발달했던 1967년 인구가 12만 5천 명이었던 영월은 석탄산업 합리화 정책 이후 인구가 급격히 감소하여 4만 명 선마저 붕괴하였다고 한다. 1998년 12월 영월화력발전소 등이 폐쇄되고 수많은 주변 탄광이 폐광되면서 영월이 위상이 크게 달라졌다. 산업의 지형도가 도시 발전에 얼마나 큰 영향을 주는지를 보여주는 단적인 사례가 되었다.

지금까지 내가 가 본 전국의 역 중에서 경주역과 영월역, 김유정역이 한옥으로 된 역으로 화려하고 크게 지어져 있었다. 그만큼 이용객이 많았다는 뜻이기도 하다. 학생들의 수학여행 코스였던 경주역은 폐역이 되어 또 다른 역할로의 전환을 기다리고 있고, 김유정역 구역은 간이역으로 남아 보존되고 있고, KTX 역사는 한옥으로 새로 지어졌다. 현재는 영월역도 그 위용만큼 잘 보존되어 있긴 하다. 어떤 용도로 사용하든 규모에 걸맞은 역할을 할 수 있었으면 한다.

영월역으로 가는 길에 서 본 소나기 재의 아름다운 풍경, 김삿갓 계곡과 문학관 등 지역 관광산업의 교두보가 되기에 충분한 것 같다.

단종의 유배지였던 청령포도 단종의 비사는 잊고 관광지가 되었다. 안개가 자욱한 소나무 숲을 벗어나 노산 대에 서 있는 단종을 생각한다. 600년 세월을 견디고 있는 관음송, 단종이 기거했던 고택, 쓸쓸하게 숨져간 단종의 사연도 관광 상품이 된 세월을 사는 우리는 무엇을 생각해야 할까 고민이 될 때도 있다. 가끔은 역사가 주는 교훈이 무엇인지 헷갈린다. 비운의 왕이 후손들에게 지역 경제를 살리는 역할을 하고 있다고 고마워해야 할까? 그래도 잊히지 않고 관광객들의 애도를 받고 있음도 좋은 일이긴 하다. 홀로 외로움을 겪었을 어린 왕의 두려움을 나누고 있다고 생각하기로 한다.

태백, 정선선 간이역 여행의 마지막 코스인 영월역은 그중 제일 화려하고 컸다. 물론 영월 읍내의 모습도 다른 지역보다는 아주 큰 규모였다. 자동차로 지나치던 영월의 본 모습을 들여다보며 도시가 나아가야 할 방향, 도시가 품었던 산업을 지켜내야 할 소명 같은 것을 심각하게 고민해야 내 고장을 지켜낼 수 있다고 생각하게 되었다.

아직은 기차를 기다리느라 플랫폼에 서 있는 많은 사람이 지역경제의 위축을 견딜 수 없어 도시로, 도시로 떠난다면 이 아름답고 웅장한 한옥 역사(驛舍)가 무엇을 지키기 위해 서 있어야 할까 고민할 수밖에 없을 것이다.

청량리로, 태백으로, 정선으로, 제천으로 가는 플랫폼 위에서 그들은 꿈을 꿀 것이다. 그 꿈을 찾아 이곳을 영원히 떠나야 할지, 머물러야 할지를 고민하는 사람들을 위해 역사가 해야 할 일을 고민하는 모습으로 영월군의 책임 있는 지도자를 기다린다. 아니, 그들 스스로 찾아 나서면 더 좋은 일이긴 하다.

역사(驛舍)는 지금까지 자신을 지켜냈던 역사(歷史)적 소명을 다해야 할 것이고. 물론 전국의 모든 간이역, 폐역이 안고 있는 문제이기도 하다. 문제는 해결되라고 있는 것이니, 그 해결점을 찾아 나서보는 것도 우리가 해야 할 일이라 생각하며 역사(驛舍)를 나왔다.

2022. 5. 29.

영동선 · 철암선

최초의 민자역사 | **양원역**
세평의 하늘을 보며 | **승부역**
산타 마을이 된 역 | **분천역**
비동역으로 간다 | **비동역**
억지 춘양역 | **춘양역**
고양이가 지키는 역 | **봉성역**
법대로 하고 있다고요 | **법전역**
대갓집 안방마님이 되어 | **봉화역**
나도 아메리카노 | **문단역**
어르신의 바람 | **임기역**

최초의 민자역사

양원역

이번 간이역 여행은 영동선 봉화 인근이다. 양원역을 시작으로 영주역까지 3일의 일정으로 늦가을의 정취를 맘껏 즐길 수 있다. 작년 철암역 촬영에서 맞본 늦가을을 다시 한번 즐길 수 있다는 생각에 가슴이 마구 뛴다.

백두대간협곡열차 구간(철암-승부-양원-비동-분천)을 30km의 속도로 가는 기차를 타고 백두대간의 풍경을 즐기는 구간이라 더 기대된다. 물론 우리는 자동차 여행이다. 서울에서 두 명의 벗과 출발한 나의 애마는 두 시가 가까워서야 양원역에 도착했다. 상상 이상의 오지임을 실감하며, 경북 봉화군 소천면 분천리 113-2에 소재한 양원역 주차장에 도착했다. 마을 사람들에게 물어물어 도보로 강가에 놓인 불안한 다리 전곡교를 건너자 철로가 보였다. 다리 위에서 보는 낙동강 주변의 풍경은 참 아름답다. 이 다리를 가운데 두고 울진 쪽은 금강소나무 숲길 2구간, 봉화 쪽은 낙동강 세평 하늘길 2코스가 이어진다.

양원역의 명칭은 봉화 소천의 원곡마을과 울진 금강송면의 원곡마을 사이에 있어 두 마을의 원곡을 줄여 양원이라 이름이 붙여졌다고 한다. 역이 생기기 전 두 마을은 다른 지역으로 이동하려면 약 6km의 산길을 빙빙 돌아가야 했다.

한반도 최고의 오지라고 하는 원곡리는 기차가 유일한 교통수단이었으나 1955년에 개통된 영암선(영주-철암)인 현재의 영동선 기차는 석탄을 주로 수송하는 기차여서 지나가기만 할 뿐 서지 않았다. 사람들은 시오리를 걸어 승부역으로 가서 기차를 이용했

다. 달리는 기차가 마을을 지날 무렵 사람들은 무거운 짐보따리를 마을을 향해 던진 후 승부역에서 걸어와서 짐을 찾아갔다. 좀 더 빨리 가려고 선로를 걸어 이동하다가 강에 떨어지고 기차에 치여 목숨을 잃는 일이 허다했다고 한다.

이 이야기를 토대로 21년도에 영화 「기적」이 만들어졌다. 봉화 출신 배우 이성민(준경 아버지, 기관사)과 천재 소년(박정민 분)인 준경이 있다. 영화에서 준경이 자기 마을에도 기차가 서게 해 달라고 청원하는 편지를 수없이 보낸 후 드디어 간이역을 개통하게 되었다고 나온다. 영화를 직접 보지 않아 자세한 내용은 역사(驛舍)의 사료에 기록된 내용을 토대로 소개한다.

실제로 주민들의 끈질긴 염원은 영동선 개통 33년만인 1988년 4월에 양원역에 임시 승하차장으로 영업을 개시하면서 소천면 원곡마을에 기차가 정차하게 되었다. 기차가 서게 되었지만, 승하차장, 맞이방, 화장실 등의 시설은 지원되지 않아 마을 사람들이 기금을 모아 이정표를 세우고 맞이방을 지었다고 한다. 그래서인지 역사는 아주 조그만 모습으로 소박한 햇살을 받으며 웃고 있다. 양원역에 열차가 정차하던 날, 마을 사람들은 감격해서 울었고, 강도 산도 따라 울었다고 한다.

때마침 백두대간협곡열차(V-train)가 역으로 들어왔다. 빨간 기차에서 제법 많은 사람, 특히 젊은이들이 승하차장에 내리니 가을 햇살에 무르익은 맞이방과 들풀, 들꽃들이 활기가 돌았다. 사람들은 기차에서 내려 철로를 건너 가을옷을 입은 웃자란 풀 냄새를

맡고, 가을을 붙들고 있는 나무 밑에서 사진을 찍기도 한다. 늦가을까지 견디어 낸 코스모스도 마지막 하늘거림을 멈추지 않았다. 철로변 풀숲을 향해 셔터가 상쾌한 소리를 내며 연신 눌러지며 내 카메라에도 양원역의 마지막 가을로 채워진다. 동행인 벗의 다급한 부름에 역사로 갔다. 이 마을에 산다는 U씨는 부탁하지도 않았는데 양원역 역사가 만들어진 배경을 설명하느라 열심이다. 그분의 말씀에 의하면 노태우 정부 때 자기 동생이 수십 통의 편지를 보냈다고 한다. 말하자면 영화 '기적'의 준경의 모델이 동생인 셈이다. 얼마나 열심히 말씀하시는지 얘기가 끝날 때까지 일어설 수가 없었다. 매일 학교에 동생을 데려다주어야 했던 그때가

떠 오르는 듯 그분의 얼굴에서 만감이 교차한다. 자랑스러운 동생의 이야기가 영화로까지 만들어졌으니 더욱 그러하였으리라.

  양원역을 찾아가는 동안 우리 셋은 입이 다물어지지 않았다. 굽이굽이 산길을 돌아 이른 곳, 기차로 가면 십오륙 분 거리의 지척이지만 차로 가면 산을 넘고 강을 건너는 협곡은 여기가 소금강이고 저기가 카라코람 하이웨이 같아 보였다. 같이 간 지인은 덕분에 대한민국 최고의 오지를 여행하게 되었다며 고맙다고까지 한다. 나도 같이 와줘서 고마웠다. 이런 곳을 나같이 조그만 여자가 어떻게 혼자 다닐 수 있으랴. 함께 해준 벗이 있어 오늘의 양원역 가는 길은 마치 알프스 아니, 히말라야의 오지를 가는 것보다 더 좋았다.

  양원역에서 승부역에 이르는 낙동강 세평 하늘길(약 6.6km), 봉화 오지 여행길을 걷는 것도 색다른 경험이 될 것 같다. 우리나라 최고의 오지를 걷는 셈이니까. 몇 해 전 가 본 돌로미티 트레킹 코스나 카라코람 하이웨이의 황량하고 메마른 풍경보다는 산과 강, 아름다운 숲으로 이루어진 이 길이 더 아름답다는데 무얼 걸어도 아깝지 않다. 양원역이나 승부역에 차를 세우고 낙동강 세평 하늘길을 걸어 역으로 이동한 후 기차를 타고 돌아오면 될 것이다. 체력이 좀 모자라더라도 해 볼 만하다. 걸으며 보고 느끼는 산과 숲, 낙동강의 물줄기와 같이 숨 쉬고, 기차여행을 겸하는 여행은 아주 매력적일 것이다.

2022. 10. 26.

  *이 글은 www.naver.com, 양원역사에 부착된 부착물, 현지인 U 씨의 말 등을 참고하여 작성되었다.

세평의 하늘을 보며

승부역

양원역을 나왔을 때 해는 이미 서편으로 기울고 있었다. 양원역에서 승부역에 이르는 6.6km의 길은 우리나라 오지 중의 오지다. 농로였던 길은 포장이 되어 있긴 하였지만, 심하게 구불거리는 건 당연하고 교행이 불가하거나 비포장길이 많다. 승부역(경북 봉화군 석포면 승부길 1162-5)으로 가는 길은 지금은 자동차로 접근이 가능할 정도로 길을 닦아 놓았으나 일부 구간은 교행이 불가한 곳도 있고 비포장도로와 비좁은 길로 이어져 흡사 오프로드(off road)22)를 하는 것 같다.

중국의 비단자린 사막에서 보았던 사하라사막의 오프로드 표지석이 생각났다. 정말 해 보고 싶은 것 중의 하나다. 여건이 허락하지 않았던 나는 사막의 오프로드 표지석에 기대어 선 사진으로 만족해야 했다. 지금 나는 이곳에서 off road 드라이빙을 즐기고 있다. 이제야 나의 애마가 제 성능을 발휘하게 되었다. 물론 거뜬히 해낼 것이다. 반드시 표지석이 있어야 할 필요는 없지 않은가. 길 그 자체가 비포장도로를 즐기기에 적당하면 되는 것이니까.

핸들을 잡은 손끝에 땀이 나고 신들린 리듬을 탄다. 동행한 지인의 목소리 "천천히 좀 가자"가 여러 번 들렸다. "알았어, 알았어"를 연발하며 몸은 이리 기울고 저리 기울고를 반복한다. 오후 서너 시밖에 안 되었는데 길엔 산 그림자가 노을을 머리에 이고 이리 기울고 저리 기울며 그림자의 길이를 줄였다 늘리기를 반복한다. 활짝 열린 차창으로 거침없이 들어오는 산 내음, 길 내음,

---

22) 특수화된 차량으로 포장되지 않은 길을 달림. 또는 그런 길.

단풍 내음이 옷깃을 헤집는다.

　양원역이 생기기 전 그곳 주민들이 걸어가야 했던 곳을 자동차로 달리면서 이 길을 걸어갔을 주민들이 절박함을 충분히 이해할 수 있었다. 6.6km밖에 안 되는 그 길은 자동차로도 한 시간 가까이 가야 했다.

　영암선(영주-철암)은 1949년 대한민국 정부 수립 후 최초의 철도 부설공사 노선이다. 1955년 12월 30일에 완공되었다. 순수 우리 손으로 건설된 것을 기념하여 기념비를 세우기도 했다. 건설 당시

산간 지형을 관통하려니 교량이 55개, 터널이 33개로 전체 구간의 20% 정도가 교량과 터널로 건설되었다.

'하늘도 세평이요 꽃밭도 세평이나 영동의 심장이요 수송의 동맥이다.'라는 문구가 바위에 고시(古詩)처럼 새겨져 있다. 1963년부터 승부역에서 19년간 근무했던 역무원 김찬빈 님이 쓴 시로 승부역의 상징이 되었다.

1977년 화물 취급 중지에 이어 간이역, 신호장으로 격하되었으나 자동차가 다닐 수 없는 최고의 오지라고 입소문이 나고 2004년 눈꽃 열차가 운행되기 시작하면서 인기가 높다. 보통 역으로 돌아온 역은 이용객이 급증하여 무궁화호가 하루에 6회, 중부내륙 순환열차와 백두대간협곡열차가 정차하면서 접근성이 좋아졌다.

봉화군에서 '낙동강 세평 하늘길(분천~승부 구간, 2.1km)' 관광콘텐츠 확충을 위해 '낙동강 세평 하늘길 12선경' 트레킹 길을 조성하고 있다. 매년 2만 명 이상이 트레킹을 즐기고 있다[23].

승부역에 도착하니 세평 하늘길이란 말에 걸맞게 산으로 둘러싸인 역은 해가 이미 산을 넘어 산 그림자만 기다리고 있었다. 비좁고 험한 길에 비해 역사와 철로, 역 주변은 읍내의 여느 역처럼 화려했다. 철로를 따라 흐르는 산허리엔 늦가을 오색 단풍잎이 넘어가는 해를 향해 일제히 얼굴을 들고, 새로 지은 역사와 역 간판도 오색 단풍을 거느리고 도도하게 서 있다. 철로로 들어가 해넘이 직전의 부드러운 빛을 받으며 해맑게 서 있는 역사를 카메라

---

[23] www.naver.com. 나무위키 참고

에 담았다.

 철로변의 단풍나무는 긴 세월을 고스란히 안고 핏빛으로 우릴 맞았다. 양쪽으로 오색 단풍의 커튼을 두른 듯 길게 드러누운 철로로 두 눈에 불빛 안경을 쓴 기차가 들어섰다. 내 카메라도 관광객들의 카메라도 셔터 막이 쉴 새 없이 열렸다. 철암역에서 분천역을 오가는 백두대간협곡열차를 타면 중간의 어느 역에서든 내려 풍경과 볼거리를 즐긴 후 다시 열차를 타고 이동하며 우리나라 최고 오지의 산과 하늘, 협곡의 풍경을 즐길 수 있다.

관광객의 마음을 사로잡기 위해 놓은 빨간 교량이 보였다. 아직은 출입을 제한하고 있는 곳이다. 좀 더 이곳에 어울리는 모습을 고민했어야 했다는 아쉬움이 남는다. 하긴 승부리와 좀 떨어져 있기도 하고, 인구가 점점 줄어가는 곳을 살리기 위한 절박함이 어울리지 않은 풍경을 빌려오게 했을 것이라는 데에는 공감하지 않을 수 없다. 이 또한 시간이 해결해 줄 수 있으리라 여기며 저물어 가는 승부역 플랫폼을 떠난다.

세 평밖에 안 된다는 가을 하늘을 다시 한번 올려다보며 액셀러레이터를 밟았다. 태백산의 숙소로 가는 길, 다시 off road가 기다린다.

2022. 10. 26.

산타 마을이 된 역

분천역

늦가을의 정취를 가득 품은 태백의 민박촌에서 단잠을 잔 우리는 몸도 마음도 개운하다 못해 맑아졌다고 해야 옳다. 뜨끈한 온돌에서 지진 몸은 가벼움에 공중을 나는 듯하다.

세 번째 역인 분천역(봉화군 소천면 분천길 49)으로 간다. 이제 우리나라 전국의 도로는 좋아도 너무 좋다. 툭 하면 자동차전용도로가 사방으로 뚫려있으니 속도에서만은 전 세계 어디에 내어놓아도 뒤지지 않을 것이다. 아쉬움이 있긴 하다. 마을, 마을을 돌아가는 정취는 포기해야 한다. 물론 마을 길을 택하면 갈 수 있지만, 사람의 마음이란 게 간사해서 짧고 좋은 길을 두고 비좁고 구불대는 길을 가지 않으려 하니 어느 하나는 포기할 수밖에 없다. 좀 느리게 가더라도 마을을 돌고 돌아가면 좋으련만, 차는 차대로 사람은 사람대로 따로 다녀야 하니 경제적 호환성도 떨어지고 정을 쌓을 기회도 사라지고 있는 셈이다. 이런 투정을 하는 나도 여전히 고속도로로 가고 있다. 길도 잘 모를뿐더러 길 안내를 맡은 내비 양이 말을 듣지 않을 수 없다는 핑계를 대며.

길 안내를 맡은 내비에는 안내원이 왜 여성만 있을까?

분천역의 역명은 여우 천에서 내려오는 냇물이 갈라져 낙동강으로 흐른다고 하여 부내라고 한 데서 비롯되었다. 일제 강점기 부내를 한자화해서 분천이라 부르게 되었다. 2008년 11월 1일부로 화물 취급은 중단되었다. 영동선이 굴곡 선형과 화물열차가 많아서 여객열차의 배차 간격으로 인해 승객 수가 계속 줄어들고 있었으나 V-train, O-train이 개통되고 산타 마을로 문을 연 후 이용객이 늘어나고 있다. 동해산타열차의 종착역이고 백두대간협곡 열차의 회차 역으로 일일 1,000명 가까이 이용객이 급증했다.24)

　고속도로를 내려서며 보이는 널따란 분천역은 마치 유럽의 여느 역처럼 보였다. 분천역이 스위스 체르마트역25)과 자매결연을 하여 체르마트 길(양원-비동역, 2.2km)까지 만들었으니 유럽풍의 놀이시설과 건물들이 들어서서 유럽의 산마을에 들어선 느낌이 들게 하였나 보다. 꼭 그래야 했을까? 그냥 봉화의 분천다움을 찾았으면 더 좋지 않았을까 싶긴 하다. 초가지붕이 어렵다면 근대식 지붕이라도 좋았을 텐데. 눈에 띄기 위한 치열함이 처절해 보이기까지 한다고 표현한다면 지나친 거겠지?

　강변길을 따라 걷다가 도로를 걸어야 하는 약간의 불편함이 있긴 하지만, 걷는 것도 좋다. 분천역에서 자전거를 빌려 비동 역에서 분천역까지 자전거 하이킹을 즐길 수 있다. 가는 길 곳곳에 낡은 나무 의자와 소나무 공원, 정자 등이 있어 색다른 정취를 느낄 수 있다. 봉화군과 코레일이 철도시설물과 잔도로 이어지는 트레킹 길에서 맑은 강물과 수려한 산세를 보며 철길 따라 걸을 수 있게 조성하고 있다.

　문명의 이기는 편리함을 주는 대신 자연과의 소통을 차단할 때도 있다. 그래도 아직은 순수 자연을 즐길 수 있는 곳으로 남아있어 그나마 다행이라 여긴다.

---

24) www.naver.com. 나무위키 참조
25) 체르마트역(독일어: Zermatt)은 스위스 발레주에 있는 체르마트의 자동차 없는 등산 및 스키 리조트를 운행하는 미터궤 기차역이다. (www.naver.com.위키백과 참조)

철로에 서서 분천마을을 내려다보면 말끔히 정돈된 폐가가 보인다. 사람이 사는 것 같진 않지만 잘 정돈된 폐가는 황 부잣집이라고 한다. 그 집의 유래나 내용은 파악할 수 없었지만, 꽤 감성을 자극하는 모습이어서 여러 컷의 사진을 찍었다.

마을을 한 바퀴 돌았다. 조용한 아침의 나라 마을답게 고즈넉한 아침을 느낀다. 붉은 수수밭이 길섶을 따라 영근 수수를 잔뜩 매달고 서 있다. 머지않아 베일 운명이지만 서 있는 모습은 참으로 당당하다. 볕에 그을린 머리를 들어 한껏 멋을 부린다.

마을을 한 바퀴 돌아 나와 역 앞에 이르니 진한 커피 향이 마음을 붙잡는다. 발이 먼저 들어간 카페는 주인의 성품을 그대로 보여준다. 분천의 특산물로 만들었다는 쌍화차에, 커피를 곁들이니 그 향내가 분천 향 그대로다.

아이들과 함께 눈 오는 날 가 보면 좋은 곳, 눈 내리는 날 기차 타고 가면 눈 덮인 산타 마을 된 분천역이 예쁘게 기다리고 있는 모습을 상상하며 역을 떠나 비동역으로 향한다.

2022. 10. 27.

비동역으로 간다

비동역

예상하지 못한 풍경이 기다리고 있었다. 너무 많이 변해버린 분천역을 나오는 마음은 약간 쓸쓸했다. 우리만의 것을 만나고 싶었던 마음이었기 때문이다.

예정에 없던 비동역[26]을 가 보자는 일행인 벗 K의 선택은 탁월했다. SNS나 포털사이트에 소개되지 않은 곳이 더 좋을 수 있다는 그녀의 말에 핸들을 돌렸다. 분천역을 나오자마자 비동역으로 가는 길은 교행이 불가한 길이다. 농로이거나 임도였던 길은 말끔히 포장되어 있고 간간이 보이는 민가는 늦가을 아침 볕에 낯을 들어 우릴 맞았다.

좁은 길을 가다 앞에서 오는 차와 마주 서게 되면 당황하는 건 나뿐이다. 상대 차는 지역민인지 알아서 교행이 가능한 곳에서 기다려준다. 가을 아침 볕보다 더 따스한 마음을 가진 탓일 거다. 낙동강 상류의 맑은 물을 건너는 잠수교가 보인다. 그 옆으로 새로 교량을 놓고 길을 넓히는지 공사가 한창이다. 나지막한 잠수교를 건너니 예상하지 못한 큰 길이 선뜻 나타났다.

양옆으로 숲이 우거진 길은 다듬어지지 않은 매력으로 기다리고 있었다. 길섶에 낡은 나무 의자 셋이 무심히 앉아 있다. 가던 길을 멈추고 후진 기어를 넣었다. 놀란 일행이 왜 그러냐며 눈이 둥그레진다. 이런 곳을 그냥 지나치는 건 죄악이라며 차를 낡은 의자 앞에 세웠다. 우리에겐 이런 곳을 위해 준비해둔 프로그램이 있다. 보온병에 담긴 끓인 물, 드립커피, 드립 기구까지 딱 안성

---

[26] 경북 봉화군 소천면 분천리 219-3

맞춤인 곳이다. 드립 기구를 각자의 컵에 올려놓고 적당량의 커피를 넣었다. 뜨거운 물을 한 번 살짝 돌리고 조금 기다려줘야 한다. 커피 향이 코끝에 닿을 즈음 다시 물을 부어 커피를 내린다. 커피가 내려가는 동안 숲의 바람이 커피 향을 가을 향기에 얹어주면 그곳에서 우리만의 가을 향을 즐길 수 있다. 목울대를 넘어가는 커피는 가을 향이 담겨 있어서인지 아마도 그날 세계 제일의 커피 맛이었을 것이다.

    다시 길을 나섰다. 낙동강 세평 길이라는 말이 실감 났다. 사방으로 둘러싸인 산 능선엔 가을이 가을, 가을 소리를 내며 화려하게 서 있다. 낙동강 상류의 맑은 물이 흐르는 또 다른 다리를 건너자 off road의 시작이다. 강가엔 연인인 듯한 남녀가 물멍을 하는지 하염없이 흐르는 강물을 보고 있다. 물멍 하고 있냐는 물음

에 웃는 얼굴로 손을 흔든다. 물멍이란 단어가 신조어여서 자꾸만 빨간 밑줄이 그어지지만 고칠 생각은 전혀 없다. 그 모습에 정말 어울리는 단어이니까.

　두 갈래의 길이다. 좀 더 길다운 길을 택한 건 잘못이다. 때론 잘못된 선택이 더 나은 선택인 경우도 많다. 낭떠러지가 차를 위협하는 길, 그냥 갔다. 좁은 외길이니 물러설 곳도 없으니 갈 수밖에. 따사로운 정오의 가을볕이 무담시27) 내려앉는 길, 길을 모두 차지한 밥상을 둘러앉은 사람들. 길에 자리를 펴고 점심 식사 하는 사람들이 일시에 우리를 향해 얼굴을 돌렸다. 당황함을 잠깐 숨기고 차에서 내려가 보았다. 비동역이 어디냐는 물음에 방향을 잘 못 들기도 하였고 비동역은 이미 없어졌다고 한다. 난감한 상

---

27) 무담시 : 공연스레, 괜히. 아무 뜻 없이 전북방언

황이다. 이를 눈치채고 밭일 하다 점심 식사 중이니 끝나고 비켜 줄 테니 100여 미터 앞에 보이는 집 마당으로 들어가서 차를 돌려 가라고 한다. 다행이다. 차를 돌릴 곳이 있다니, 그 험한 길을 후진해야 하나 싶어 등에 땀이 나고 있었던 참이다. 후진하다 까딱 잘못하면 낙동강 상류의 일급수에 수장되는 거다.

봄볕처럼 따사로운 가을 햇살이 밭두렁에 있는 대추나무 한 그루에 무시로 볕을 쪼였는지 빨갛게 익은 대추가 떨어져 말라가고 있는 게 눈에 들어왔다. 밭 주인에게는 물어보지도 않고 몇 알 주워서 바지에 쓱 문지르고 입에 넣으니 그 달콤함이라니, 내 표정을 본 친구도 닦지도 않은 대추를 연신 주워서 입으로 넣는다. 아마 엄청난 보약이 되었을 것이다. 약초(백약)를 캐던 농부들이 점심 식사를 마치고 자리를 비켜 준 후 차를 돌려나오며 감사하다고 크게 허리를 숙였다.

비동역은 경북 봉화군 소천면 분천리 219-3 소재 임시 승하차장이었다. 현재는 영업 중지로 승부역 방면 산책로만 개방되어 있다.

비동(肥洞)은 산골 마을임에도 먹거리가 많아 살찌는 마을이라는 뜻이라 한다. 그래서인지 약초(백약)밭을 내려오면서 보이는 밭은 비옥해 보였다. 당연한 일이다. 지척에 맑은 물이 흐르는 넓은 강이 있으니까.

차를 돌려 내려오니 이제는 없어져 버린 승하차장은 철재 가림막이 세워져 있다. 그 위로 높은 교량이 늦가을을 안고 서 있다. 때마침 다음 역을 향하는 기차가 철교를 느리게 지나갔다. 와! 기차가 지나간다며 내달리는 벗이 뒷모습이 마치 여섯 살 소녀 같다. 60이 지난 지 한참 되었건만 그곳에서 우리네 마음은 그냥 여섯 살이었던 거다. 역사도 없었다는 간이역 입구엔 기와를 얹은 통나무 정자가 통나무 기둥 사이로 철로를 끌어안고 있다.

간식 타임이다. 식당도 변변히 없는 산골을 가니 간식은 수시로 먹어줘야 한다. 또다시 커피 타임이다. 커피는 또 다른 색다름으로 목울대를 넘는다. K의 커피 내리는 모습이 일품이다. 그 모습이 담긴 사진은 그녀의 허락을 받고 실었다. 영광이란 말까지 덧붙이면 선뜻 허락해 준 K에게 진심으로 감사드린다.

비동역의 가을 햇살에 불콰해진 얼굴은 낮술 먹은 사람처럼 홍조를 띠었다. 커피를 마셨을 뿐인데 서로의 얼굴을 보며 술 먹었냐고 놀리며 비경을 뒤로하고 다음 역으로 향했다.

2022. 10. 27.

억지 춘양역

춘양역

척박한 아름다움을 지닌 비동역을 나와 춘양역으로 간다. 비동에서 약 22킬로이다. 분천역으로 돌아와 춘양역으로 가는 거다. 늦가을 햇살이 도로를 덥힌다. 후끈한 열기가 봄인 양 얼굴이 열감으로 벌게진다. 자동차 전용도로로 가고 있다. 이정표가 보이는 곳에서 우회전하여 마을 길로 들어섰다. 산골 내음을 확 빼버린 마을은 드문드문 오래된 한옥이 고목과 함께 마을을 지키고 있었다. 봉화의 고택들이다. 말하지 않아도 살기 좋은 마을이었음을 금방 알아볼 수 있다.

새로 지은 역사는 옛 모습이 온데간데없다. 간이역을 여행하는 동안 내 마음속에는 이상한 기준이 자리 잡기 시작했다. 현대식으로 근사하게 지은 역을 마음에서 밀어내는 이상한 버릇이 생겼다. 현대식 역사를 보자 대충 차를 세우고 건성건성 훑어보기 시작했다. 억지 춘양역이라더니 내 마음도 억지 춘양이 되어가고.

춘양역이란 명칭은 만석 봉 아래 들판이 넓고 양지바르고 향상 봄볕처럼 따뜻한 지역이라 하여 붙여졌다고 한다. 1923년도부터 채굴하였던 금정광산이 있는 곳으로 광물자원과 산림자원이 풍부하다. 명품 소나무인 춘양목의 생산지이기도 하다. 춘양면과 소천면 일대에서 자라는 소나무로 향기가 좋고 속이 붉고 단단하며 껍질이 얇아 건축재나 가구재로 유명하다. 하여 장사하는 사람들이 일반 소나무를 춘양목이라고 우기면서 '억지 춘양'이란 말이 생겨났다는 설이 있다. 다른 설도 있다. 철도 부설 당시 지역 국회의원이 마을을 비켜 가는 철로를 억지로 우겨서 마을 안으로

들어오게 했다고 하여 붙여졌다고도 한다. 진실 여부는 아마도 둘 다 맞을 것이다. 현실적으로 아주 그럴듯하니까.

역 안으로 들어가 철로로 갔다. 기차가 운행 중인 역은 잘 관리되고 있었다. 살림집도 아닌 기차 철로변에 느닷없이 장독대가 있다. 열차 주의라는 푯말을 들고. 그 옆에 우뚝 정말 억지 춘양으로 서 있는 '억지 춘양' 돌기둥이 아이러니하다. 모든 게 억지 춘양인 역인가?

역 마당을 나오니 현대식 광고판이 크게 서 있다. 봉화의 각 역의 예전 모습의 사진과 함께. 광고판이나 사진도 그냥 나무판으로 대충 만들어 붙여 주었기를 바라는 마음이 상처받는다. 그렇더라도 이처럼 잘 차려입은 역사는 지역민들에겐 아주 좋은 곳이리라.

내 마음을 위해 옛 옷을 입고 있으라고 하는 나도 억지 춘양이긴 마찬가지다.

2022. 10. 27.

고양이가 지키는 역

봉성역

만추의 가을 햇살이 반짝이는 산길을 갔다. 며느리를 내어놓는다는 봄볕보다 더 햇살이 따사롭다.

단풍이 흐드러진 산길을 지나 드물게 보이는 민가에 반갑다는 손짓을 하자마자 대로변에 고양이 한 마리가 기다리고 있었다. 우리를 마중이라도 나온 듯이 올려다보는 고양이가 길 한복판에서 비키지도 않고 통행세라도 받을 기세다.

봉화의 간이역에는 특징이 있다. 대부분 역에는 통나무로 지어 기와를 얹은 고풍스러운 정자가 있다. 역 입구나 역 마당에 지어 놓은 정자는 역을 이용하는 사람들의 편의를 위해 지어졌겠지만, 금강소나무 등 우리나라 최고의 소나무 군락지로서의 면모를 자랑하기 위함인지도 모른다고 생각해 보았다. 덕분에 우리 같은 여행자에게는 쉬어 갈 곳이 되어 주고 있어 마음이 더욱 따뜻해졌다. 산수 좋은 곳에 인물이 난다고 하였으니 기백년씩 묵은 다수의 고택이 있는 그 고장 인물의 면모를 보여주고 있다고 생각해 보았다.

영동선 영주기점 25.7km의 지점에 있는 봉성역은 1955년 간이역으로 영업을 개시하였다. 역사는 같은 해 6월에 준공하였다. 2008년 12월 1일 이용객의 감소로 여객 취급이 중단되어 열차는 정차하지 않고 통과만 하는 폐역이 되었다.

철로를 보수하는 사람들이 여러 명 공사에 참여하고 있었다. 열차가 서지 않으니 역사나 시설물은 폐쇄되어 있고 잡초가 자라고 있었다. 그나마 잡초가 무성하지 않은 건 몇 채 안 되는 동네 민

가에서 손을 보기도 하고 철로 보수에 나선 이들이 손길이 닿은 탓이라 한다.

철로변으로 나가 보았다. 서쪽으로 기울기 시작한 가을 햇살이 길게 뻗은 철로를 비춘다. 붉게 물든 단풍이 도드라진 제 입술을 내밀며 유혹하니 카메라를 들지 않을 수 없다. 녹슨 철로와 한 몸이 된 듯 반짝이는 단풍나무 한 그루가 유난히 돋보인다. 상하 행 경계를 나타내는 붉은 시설물도 가을볕에 몸을 내어주고 한껏 멋을 부린다.

역사 옆 시설물에는 여러 마리의 고양이가 단잠을 잔다. 우리의 기척을 듣고도 눈도 깜짝하지 않고 누워있는 모습에 어이가 없어서, 야! 하고 소리를 질러 보았다. 여전히 눈도 꿈쩍이지 않는다. 어이없다는 내 표정에 철로 수리를 하던 분이 씩 웃으며 한마디를 한다. 그네들이 이곳 주인인데 당연하다는 설명이 이어진다. 들고양이의 집이 되어 버린 거다. 하긴 바람을 막아줄 집도 있고, 공사하러 오는 사람들이 수시로 던져 주는 양식이 있으니 고양이들에게는 최고의 보금자리인

셈이다. 어떤 이는 일이 없어도 고양이 밥 주러 일부러 오기도 한다니 고양이에겐 이보다 더 좋은 곳이 있을 수 없다. 그래 너희들이 이곳 주인이구나, 잘못했다. 이런저런 우리의 손짓이나 발짓 말소리에도 꿈쩍하지 않고 낮잠을 즐기고 있는 그네들의 팔자가 정말 상팔자이다. 들어올 때부터 고양이가 맞아주었으니 앞으로도 잘 지키고 있으라고 인사를 건네고 역을 나왔다.

  철로 보수를 하는 분들이 한마디 덧붙인다. "다음부터는 고양이한테 허락받고 오세요!", "네네 알겠습니다요!" 역의 주인이 된 고양이 때문에 오가는 대화가 따사롭다.

2022. 10. 27.

법대로 하고 있다고요

법전역

법전역은 무엇도 기다리고 있지 않았다. 아니 공사 자재가 어지러이 놓여 있었다. 철도청이 임대하였는지 무단 점유인지 알 수 없으나 아마 임대하고 있다고 예측해 본다. 철도청이 무단 점유를 그냥 두지 않을 테니까.

역사와 철로는 잠겨 있어 들어갈 수 없었다. 역 마당에 세워진 정자가 쉬어 가라는 듯 물끄러미 쳐다본다. 들어주기로 했다. 배가 고프던 차이니 정자 옆에 돗자리를 깔았다. 준비한 도시락을 꺼내어 바닥에 툭툭 내려놓고 볕을 쪼이며 먹는 맛도 나름 괜찮다. L 언니의 반찬이 빛이 나는 순간이다. 시장이 반찬이기도 하고. 오지 여행은 음식을 사 먹을 만한 식당이 많지 않다. 있더라도 사람이 붐비는 주말에만 하는 경우도 많고 일찍 문을 닫아버려 식사 시간을 맞추기도 어려운 편이라 도시락을 준비한 게 다행이었다. 야외에서 먹는 밥은 무엇을 먹어도 맛있다. 장소가 주는 프리미엄이다.

인근에 민가도 보이지 않는 역은 오랫동안 외로운 투사처럼 마을을 지키고 있다. 영동선 영주 기점 32.7km 지점에 있는 역으로 1955년 6월 30일 역사를 준공하여 7월 1일부터 영업을 개시했다. 1991년 1월 1일 소화물 취급이 중단되었고 94년도에는 화물취급도 중단되었다. 1995년 새 역사를 준공하였으나 이용객이 줄어 2007년 12월 15일 무인화되었고 2008년 12월 1일 자로 여객 취급도 중단되었다. 현재는 모든 열차가 그냥 통과만 한다.[28]

---

28) www.naver.com. 두산백과 참조

그곳은 사람 대신 건설자재가 그 자리를 지키고 있다. 정자 옆에서 도시락을 먹으며 우리라도 법대로 하고 있다고 억지 해석을 해 보았다. 정자란 원래 쉼의 장소이니까.

  언젠가 법전역도 그 너른 터가 제구실을 할 날이 있을 것이라 믿어본다. 이미 좋은 프로그램을 진행하는 역도 많다. 전국의 간이역이 또 다른 연결고리를 찾고 있으리라 믿으며 역을 나왔다.

2022. 10. 27.

대갓집 안방마님이 되어

봉화역

봉성역을 나와 거촌역(7.8km)을 거쳐 봉화역(약4.8km)으로 향했다. 오늘의 마지막 코스이다. 역 마당에 이르니 현대식 역사가 우릴 맞는다. 사 광(plain light, 斜光)29)으로 들어오는 빛이 완연히 서쪽으로 기울고 있었다. 사진 찍기에 최적의 빛이다. 하지만 현대식으로 지어진 역을 보자 마음이 접어지고 있었다.

역사 안으로 들어가 철로 변의 사진이라도 찍어 볼 요량으로 담당자의 허가를 구하려고 했다. 내 부탁을 받은 사람은 따로 담당자를 소개해 주었다. 단호한 눈빛의 여성이다. 예상했던 대로 사전에 철도청의 허가를 받아야 하는 일이라며 거절한다. 조금 섭섭했다. 하긴 그분은 법의 테두리 안에서 철저히 관리하는 것이라서 할 말이 없긴 하다. 아니 오히려 칭찬해 주어야 하는 일이다. 법을 입안해 놓고도 지키지 않는 사람들에 비하면 훨씬 낫다. 간이역 탐방 중 여러 부류의 사람을 만났다. 철도가 기간산업에 해당하여 사전에 허가를 맡게 되어 있는 건 당연하다. 그러나 철도 이용자가 계속 줄어드는 상황을 고려해서 담당자는 내가 하는 일이 홍보 효과가 크겠다며 선뜻 안내에 앞장서는 사람도 있다. 거절당한 경우는 별로 많지 않았다. 그동안 내가 참 좋은 사람들을 만났던 거다. 그렇다고 사전 허가를 받지 않은 나를 안내한 그분들을 나무랄 생각도 없다. 위해가 되는 일이 아니라면 살아가면서 상황에 따라 유연해질 필요도 있다고 생각하니까.

---

29) 피사체의 옆과 정면 사이 각도에서 사각으로 비추는 광선. 그림자를 풍부하게 만들어 입체감을 표현하기에 적당하다. 자연광에서는 아침, 저녁의 자연광이 여기에 해당한다.

해방과 전쟁, 격랑의 세월을 겪은 역사30) 라 한다. 옛 군청 소재지였던 춘양에서 군청이 이전해 오면서 봉화군이 중심지가 되었다. 옛 역명이 경북 내성 역인 이유도 원래 지명이었기 때문이다. 1944년 후반부터 내성(봉화)을 거쳐 춘양에 이르는 영춘 선 철도건설이 추진되었다. 1945년 홍수로 유실된 후 해방되면서 폐선되었다. 그 후 1950년 영암 선(영주-내성14.1km)이 개통되어 영업을 시작했다. 1955년 행정구역 개편으로 봉화군이 중심지가 되면서 1994년 지금의 새 역사(경북 봉화군 봉화읍 봉화로 1072-1)를 신축, 준공하였다.31) 봉화읍 중심부에 있으나 여객 수요가 계속 줄어 운전 업무를 주로 보고 있다.

산골의 다섯 시는 도심보다 훨씬 더 빠르게 어두워진다. 도시락으로 대충 때운 점심은 벌써 그 기운이 잃었고 배가 고팠다. 한우가 유명한 봉화에서는 한우를 먹어야 한다며 소개받은 식당은 봉화역 바로 맞은 편에서 우릴 기다리고 있었다.

들어서자마자 매달려 있는 커다란 한우 반 마리가 제대로 들어왔음을 알려주었다. 동행인 K가 사기로 한 저녁이다. 너무 비싸다며 공동 경비로 먹고 다음에 사라는 내 말에 기분 내고 싶으니까 그런 말 하지 말라고 잘라버린다. 오늘은 말이 잘리는 날인가 보다. 어쨌든 먹자며 시킨 한우 고기는 설명이 필요 없다. 아마도 다시 서울에서 그 집 한우 고기 먹으러만 가자고 해도 선뜻 나설 만큼의 맛이었다면 설명이 될 것이다.

---

30) www.naver.com. 나무위키 참조 국가철도 공단 공식 소개 문구
31) www.naver.com. 나무위키 참조

　맛에 취해 먹은 한우는 셋이 6인분이나 먹고도 모자라 서울에서 왔다는 말에 덤이라고 주는 것까지 깨끗이 해치웠다. 에잇 모른다. 누가 냈든 "금강산도 식후경이라니 먹고 볼 일이다"라고 하며. 결국 봉화의 한우 고기 파티는 K의 몫이 되었다.
　덕분에 봉화역 철로에 들어가지 못한 건 깨끗이 잊히고, 고택 체험하자며 예약한 300년 되었다는 '만회 고택'으로 갔다. 배부른 저녁으로 마음이 넉넉해진 우리는 이미 대갓집 안방마님이 부럽지 않은 심경이 되었다. 300년 된 고택을 예약했으니 제대로 안방마님 행세 좀 해보자며 숙소로 향했다. K에게 아주 미안했지만, 정말 맛있었다.

2022.10.27.

나도 아메리카노

문단역

봉화에서 마지막 날이다. 숙소인 만회 고택에서 나와 문단역으로 간다. 오늘도 여전히 아침 볕이 따사롭다. 내비 안내는 문단역까지 4.6km이다. 문단 마을의 대로변을 건너 논밭 사이를 가로지르는 역은 늦가을의 아침 볕을 맞으며 무뚝뚝하게 서 있다.

영주역 기점 9km 지점에 있는 문단역은 1949년 11월 20일 역사를 신축, 1950년 3월 1일 역원 무배치 간이역으로 영업을 시작했다. 1955년 12월 31일 보통 역으로 승격하였으나 1983년 2월 여객 및 소화물 취급이 중지되었다. 1997년 간이역으로 격하되고 2001년 9월 8일 신호장으로 격하되었다. 현재 무배치 신호장으로 여객 및 화물역 기능은 멈춰있다. 역 마당에 무성하게 자란 풀이 가을볕에 말라가고 단풍나무 한 그루가 전신을 붉게 물들이고 외로운 투쟁 중이다. 우리를 보자 기쁜지 마른 갈댓잎이 두 팔을 흔든다.

허전한 마음을 달래며 커피 한잔하자며 돗자리를 펴고 있었다. 두 어르신이 우리 모습이 궁금하였던지 역 마당 안으로 들어오시더니 무슨 일 있냐 물으신다. 낯선 이들이 동네 역사 마당을 어슬렁거리니 궁금하셨던 거다. 얼른 달려나가 자초지종을 말씀드리고 마침 커피 한잔하려던 참이니 같이 하자고 권하자 얼른 자리를 잡으셨다. 우리가 그곳에 간 사연을 들으시고 당신 집으로 모셔야 하는 걸 일하는 중이라 그럴 수 없어 미안하다고 하신다. 어르신들은 한 주에 몇 번 정도 길에 쓰레기를 줍는 일 등으로 두어 시간 또는 서너 시간 일하면 읍에서 일당을 받을 수 있다고 하셨다.

젊은이들이 다 떠나고 없는 소도시에 어르신들의 노후를 위해 지방재정을 들여 이런 식으로라도 노후 수익을 챙겨드리기 위해 마련한 제도일 것이다. 지방뿐만 아니라 대도시에서도 생활고에 시달리는 저소득 어르신을 위해 이런 종류의 일자리를 마련하고 있는 것으로 알고 있다.

준비해 간 드립커피 그릇을 꺼내며 어르신께 물었다. 저희는 어르신들이 좋아하는 일반 커피는 없고 아메리카노밖에 없다며 난감한 표정을 짓는 우리에게 "나도 아메리카노 좋아해요" 하신다. "아! 그러세요, 신식 어르신이시네요" 했더니 쑥스럽게 웃으신다. 한 어르신은 읍에 나갈 일이 있는 날엔 커피집에 혼자 들어가서 아메리카노를 마시고 온 적도 있으시다며 어깨를 우쭐해 보이신다. 이 모습이 귀엽다는 말이 어색하긴 하지만 아주 어울린다고 생각했다. 문단역 앞 돗자리 커피숍의 커피 향은 두 어르신 덕에 더 고소하고 향기로웠다. 커피를 다 마신 어르신은 주머니에 주섬주섬 꺼낸 사탕 몇 알을 주시며 조심히 가라며 일터로 가셨다. 쓴 커피 향이 가득한 입안으로 달콤한 사탕이 들어가자 커피 사탕이 되었다.

문단역의 아침은 두 어르신과의 만남으로 마음이 한결 푸근해졌다. 인구가 급속히 줄어들고 있으니 신호장이 간이역으로 다시 살아날 희망은 없겠지만, 이 너른 터에 또 다른 무언가가 들어서서 이곳 사람들의 일자리도 늘어나고 인구도 늘어나 어르신들의 젊은 날처럼 북적북적해지기를 기원하며 역을 떠났다.

"나도 아메리카노"라며 웃으시던 어르신께서 읍내까지 가지 않고 댁에서 멀지 않은 이곳에서 아메리카노 한 잔을 마실 수 있는 날이 올 수 있다면 정말 좋아하실 것 같다.

2022. 10. 28.

어르신의 바람

임기역

영동선의 기점인 영주역은 중앙선(청량리-경주), 영동선(영주-강릉), 경북선(김천-영주)이 교차하는 여객열차의 시 종착역이자 철도 십자로의 정점에 위치하여 교통 요충지 역할을 하고 있다.32) 그래서인지 영주역은 공사가 한창이다. 1973년 지어진 역사는 철거되어 새로 지어지고 있다. 지역의 랜드마크가 되어 세계문화유산인 부석사와 소수서원 등의 건축 요소를 반영하여 영주시의 도시재생 전략과 조화를 이루도록 한다니 기대해 볼 일이다.33)

영주역에서 나와 임기역(경북 봉화군 소천면 임기2리 1147-1)으로 간다. 이번 봉화지역 간이역 탐방이 마지막 코스이다. 영주기점 47.6km에 있다. 1956년 1월에 역원 배치 간이역으로 영업을 시작했다. 1957년 7월 25일 역사를 신축하여 보통 역으로 승격하였고, 현재는 1일 4회 열차가 정차한다. 교통편이 승용차 이외에는 기차밖에 없어 임기리 주민들에게 중요한 교통수단이라고 한다.

"흐린 가을 하늘에 편지를 써~"라고 노래하던 김광석의 노랫말이 어울리는 날씨다. 흐린 가을 하늘 아래 붉은 단풍으로 치장한 나무 한 그루가 쓸쓸히 역사를 지켜내고 있다. 아마 오늘 밤, 비가 내리면 오 헨리의 「마지막 잎새」처럼 몇 안 남은 붉은 낙엽을 다 떨구고 앙상한 가지를 벌린 채 역을 지켜내야 할 것이다. 역마당을 지나 역사로 들어갔다. 하루에 4번 기차가 정차한다는 역의 역사 안은 비어있고 창문으로 들어오는 바깥 풍경이 기다리고 있다. 철로변으로 들어가는 나무로 된 철도 침목을 건넜다. 기어

---

32) www.naver.com. 기차역 정보 참고
33) 국가 철도공단 공식소개 문구에서 발췌

코 살아남은 잡풀이 기다린다. 마을은 철로가 양분하여 나뉘어 있다. 철로변 사진을 카메라에 담고 마을로 향했다. 고즈넉하다는 표현조차 어울리지 않는다. 마치 비어 있는 마을처럼 고요하다. 비좁고 다듬어지지 않은 골목길을 가다 마주친 개는 짖지도 않고 꼬리를 내리며 슬금슬금 제집으로 들어가 버린다. 경계심은 고사하고 타지 사람들의 방문에도 낯섦을 나타내지 않는다. 아니 누군가의 방문이 그저 반가울 뿐인지도 모른다.

　큰 대추나무 한 그루가 지키는 높은 함석 울타리, 거기에 기대어 앉은 노파의 모습이 보였다. 인사를 드리니 함박웃음을 웃으신다. 낯선 사람을 보니 반가우셨는지 두 손을 내미시기에 얼른 잡아드렸다. 90도도 더 굽은 허리로 지팡이를 짚고 무언가 열심히 주우시더니 손바닥을 펴서 우리에게 먹어보라며 내미셨다. 손바닥에는 할머니의 얼굴처럼 쭈글쭈글해진 대추가 있었다. 얼른 받아 한 알 입에 넣으니 정말 달았다. 이제는 몸이 이 모양이 되어서 대추를 딸 수가 없으니 떨어진 대추를 주워서 드신다고 하신다. 연세를 여쭙자 100년이 다 되어가신다며 수줍게 웃으셨다. 그 연세에 혼자 사신다고 하시니 어떻게 살아내고 있는지 궁금하여 집 안으로 가 보고 싶었으나 차마 말을 꺼낼 수가 없었다. 사진을 찍어드린다는 말에 환하게 웃으신다. 그 모습이 세 살배기 아이처럼 해맑으시다. 나이가 들면 마음이 아이처럼 되어간다고 하더니 정말 그런 것 같다.

　마을을 한 바퀴 다 돌아도 더 이상의 주민을 만날 수 없었다.

일을 나간 건지, 마실을 나간 건지 알 수 없다. 하긴 농촌이 농사를 짓는 것만으로 살 수 없다고 하니 무언가 소득이 될 만한 일감을 찾아 나섰으리라. 여러 채의 빈집엔 풀이 무성하게 자라고 구멍 뚫린 창문이 제 무게조차 버거워 내려앉아 있다. 길섶에 면한 살림집의 장독대가 깨끗이 손질되어 나란히 서 있는 모습으로 이 마을에 사람이 살아가고 있음을 말해주고 있을 뿐. 100세가 다 되어가는 어르신 혼자 이 마을을 지키고 있는 셈인가?

   봉화군은 인구 소멸을 걱정하고 있는 대표적인 곳이다. 봉화군

전체의 인구가 1966년 119,644명에서 2022년 11월 30일 현재 30,207명[34]이라고 하니 그 넓은 땅에 살아가는 사람들의 미래가 걱정이다. 하지만 봉화군의 간이역을 탐방하며 보았던 아름다운 풍경이 있지 않은가. 세평 하늘길, 태백 눈꽃열차 등 관광상품이 있고 이와 더불어 군이 더 많은 관광 자원을 연계하면 충분히 승산이 있을지도 모른다. 한국 최고의 오지라고 알려진 이곳의 강점을 살리면 스위스의 알프스 마을들, 캐나다의 유콘주, 이탈리아의 돌로미티 못지않은 멋진 곳이 될 수도 있을 것이다.

이제는 우리도 국민 소득이 높아져서 대도시를 떠나 아름다운 자연의 레트로 감성을 즐기려는 사람들이 늘어나고 있어 충분히 가능할 것이라 여긴다. 봉화군과 철도청의 연계 상품을 멋지게 구성하여 대도시에서 쌓인 스트레스를 해소할 수 있는 힐링의 마을로 거듭나길 기대한다. 나도 봄이 오면 '세평 하늘길' 걷기에 나설 것이다.

허름한 울타리에 기대어 해맑게 웃으시던 어르신의 바람일지도 모른다. 많은 사람의 얼굴을 보며 웃고 싶은, 그 사람들의 손을 잡으며 온기를 느끼고 싶은.

2022. 10. 28.

---

[34] 봉화군 홈페이지 참조

가은선

비가 온다고 했다 | **가은역**
자전거 철로로 남아 있는 | **구랑리역**
선비 이야기 여행 | **진남역**
녹색의 장원이 되어 | **불정역**
내 발자국을 찾아 | **주평역**
승하차장에 내린 사람들 | **접촌역**

비가 온다고 했다

가은역

여행은 떠나야 시작된다. 장황한 계획이 무슨 소용이랴. 비가 온다고, 눈이 내린다고 떠나지 않는다면 비 오는 풍경도, 눈 내리는 풍경도 만나지 못한다. 계획만 하다가 끝나버리는 여행기획자가 되어 버리고 마는 거다. 그냥 떠나기로 했다. 며칠 전까지만 해도 일기예보 앱은 '맑음' 일색이었으니까. 알 수 없는 게 날씨이니 예보가 바뀌었다고 주저앉을 수는 없다. 내가 가는 곳엔 비 따윈 없다는 오만한 나와, 하나님이 비를 거두어 갈 거라는 친구의 확실한 믿음을 밑밥으로 깔았다.

　전국에 내린 비 예보, 강풍 예보, 거기에 더하여 폭풍 예보까지 매스컴을 가득 채웠지만, 문경시의 비 20% 내외의 확률을 핑계 삼아 주저앉기엔 가은역 이름이 너무 맘에 들었다. 우리 손녀딸 이름이 될 뻔한 '가은'이가 기다리고 있는데 어떻게 주저앉을 수 있단 말인가. 내비게이션의 그녀는 문경의 '대야산 자연휴양림'까지 두 시간 반, 아마도 우리는 4시간은 걸릴 것이란 걸 이미 알았다. 가다가 휴게소 커피도 한잔해야 하고 나이 탓으로 자주 가야 하는 Restroom 방문도 마다할 수 없기 때문이다.

　방문객의 안전은 물론이고 관리원의 안전이 걱정되어서인지 휴양림 숙박을 해지해도 벌금 같은 거 없다는 문자가 수시로 들어왔다. 더 좋다. 한가하고 조용한 휴양림 숙박이 가능할 테니 금상첨화다. 하루밖에 예약하지 못하였으니 추가 1일은 문제없겠다 싶기도 하고.

　우선 문경에 도착해서 휴양림으로 갔다. 간이역 방문 후 현지

지인과 저녁까지 예약해 놓았으니 늦은 밤 휴양림 가는 길의 안정성 여부부터 확인해야 해서다. 길은 정말 좋았다. 여차하면 시내 호텔로 가자던 말은 말없이 없었던 게 되었다. 추가 1박이 관건이다. 오후 4시경 아직은 해약 상황이 정리되지 않았다고 했다.

가은역(경북 문경시 가은읍 대야로 2441)에 도착했다. 구불거리는 산길을 지나 조그만 마을 안길에 호젓이 앉아 있는 역사는 책을 펴놓는 모양의 푸른 박공지붕의 모습이다. 녹슨 철로를 등에 얹은 역사 안에서 백열등 몇이 졸고 있다 우릴 맞는다. 진달래꽃 옷을 입은 어린 아기가 철로를 아장아장 걸어간다. 아기 꽃이 걸어간다. 야외 카페에 앉은 아기 엄마의 시선이 아기를 떠나지 못하고 커피는 대책 없이 식어간다. 흐린 오월의 하늘이 아이의 안전을

위해 먹구름을 물리친다. 가은역 꼬마열차는 어른, 아이가 함께 타고 갈 수 있다며 기다리고, 동굴 체험과 주변 장터, 옛 거리도 구경거리다. 탄광의 광부도, 마을 아낙도 수없이 들고 나던 역사 안 출구엔 역무원의 옷이 멋쩍은 표정으로 걸려 있다. 폐역이 된 후 카페와 갤러리가 되어 지역민의 소통 장소로, 관광객의 호젓한 힐링 장소로 거듭난 역사가 되어 있다.

    1956년 9월 15일 석탄공사 은성광업소 명칭을 따서 '은성 보통역'으로 운행하기 시작하여 1959년 2월 '가은역'으로 바꿨다. 1994년 은성 광업소가 폐쇄되면서 역사는 근대 문화유산이 되어 유지되고 있다. 가은선 전역이 폐광과 함께 폐역되었다. 구랑리역, 진남역 등 몇 개 역이 자전거 철로로 이용되고 있다. 다른 역

은 대부분 그 너른 역 터와 역사가 방치되어 있다시피 한 상황을 보며 한편 씁쓸한 마음이 되었다. 국가의 자산 활용도가 국민의 눈높이에 못 미치고 있다는 생각은 나만 하는 것일까?

문경시 홈페이지에는 문경의 위치가 '대한민국의 중심'이라는 문구가 크게 쓰여 있다. 지도로 보면 맞다. 문제는 역할이 아닐까? 중부내륙철도(이천-거제) 구간 중 일부 충주-문경 구간이 23년 말 개통 예정이라니 폐역이 된 가은선 전역의 활용도가 다시 논의되지 않을까 싶긴 하다. 이미 철로는 대부분 철거되었고, 역사 터와 일부 역사만 남아있다. 그 활용도가 궁금한 건 당연하다.

60여 개가 넘는 간이역, 폐역 여행하면서 난 나만의 설계에 빠져보기도 했다. 제주·출신인 난 철도의 중요성, 광대함을 잘 알지 못했다. 제주 해안선을 따라 느린 one-way 기차가 있으면 어떨까? 생각해 보긴 했다. 삼사십 킬로의 느린 기차를 타고 가다 어느 역인가에 내려 노변 승하차장에서 기다리는 작은 도서관에서 책을 읽고 예쁜 카페에서 차를 마시면 어떨까? 그리고 다시 기차를 타고 다음 역으로 가는 거다. 비단 제주만이 아니다. 전국의 간이역, 폐역을 다시 살려내어 느린 기차여행을 만들면 어떨까? 물론, 이미 시행하는 역도 있다.

관광열차로 운행되는 태백선 눈꽃열차. 정선아리랑열차, 동해선 산타열차 등 이미 그 비슷한 역할을 하고 있긴 하다. 그것으로 부족하다. 전국의 폐역·간이역이 얼마나 많은가. 이 역이 전부 연결되면 천천히, 느리게 살아가고 싶은 이들의 힐링 코스가 될 것이 분명하다는 생각은 나만 하는 건 아니겠지? 참 좋을 텐데. 70여 년을 미친 듯 빠르게 살아온 보상으로 전국이 느린 기차로 연결되는 나라, 생각만으로도 멋지다.

'가은 아자개 장터'가 있다는 비를 보고서야 오래된 오일장이 있다는 것을 알았다. 너무 늦은 오후 시간이 되어서 가 볼 수 없어 안타까웠다.

지금부터 보게 될 것이다. 가은선 7개 폐역의 변화된 모습을. 그 역이 어떻게 살아가고 있는지를.

다음 날 아침, 우리의 숙소인 대야산 자연휴양림에 비가 왔다. 아주 조금. 우산을 머리에만 써도 될 만큼, 오랜만에 내리는 봄비가 휴양림 계곡을 작은 폭포로 만들었다. 물 먹은 바위에 홀로 피어 있는 진분홍 진달래의 물빛 얼굴의 촉촉함이 더없이 아름답다.

비가 온다고 가지 않았다면 만나지 못했을, 아름다운 휴양림의 아침을 통유리창 화폭에 그린다. 먹구름을 막아선 늦봄의 수줍은 바람, 가녀린 봄비를, 비가 온다고 해도 가야만 하는 이유를 그려 넣는다. 드립 한 아메리카노 커피잔을 들어 향을 맡으며 창밖 풍경에 넋을 놓았다.

2023. 5. 4.

자전거 철로로 남아 있는

구랑리역

좀 늦은 시간이 되었다. 사전 정보 없이 도착한 역은 상상 이외의 모습으로 기다리고 있다. 크고 화려한 기와집, 철로엔 반짝이는 자전거가 기다리고 있었다. 다섯 시면 끝난다는 레일바이크가 떠날 예정이라며 탈지를 묻는 관리인에게 타지 않을 거라고 한 건 실수였다. 그걸 타야 볼 수 있는 구랑리 숲, 전국에서 가장 먼저 설치된 문경의 레일바이크를 탈 기회를 잃은 거다. 석탄을 나르던 철로에 놓인 문경의 레일바이크는 전동장치가 되어 있어 앞자리 한 사람만 페달을 밟으면 된다고 하는데 겁부터 먹고 터널과 숲길을 지나는 힐링 타임을 놓쳐 버린 셈이다. 구랑리 레일바이크가 6.7km이고 진남역은 7.4km라고 하니 타 볼 만한 거리인 것을, 문경 여행에서 절대 빠질 수 없다는 코스를 간단히 물리치고 만 건 사실 다리가 편치 않아서라는 변이 핑계라면 핑계이다. 경위가 어쨌건 구랑리역은 레일바이크 역으로 다시 태어나 활발히 살아가고 있으니 그나마 다행이라고 해야 하나? 방문객이 제법 많다고 하니 시간이 지나면 좀 더 나은 모습을 볼 수 있을지도 모르겠다.

구랑리역은 가은선에 있는 기차역으로 진남역과 가은역 사이에 위치한다. 1956년 5월 15일 배치 간이역(역무원이 있는 간이역)으로 영업을 시작하였다. 1969년 무배치 간이역(역무원이 없는 간이역)으로 격하되었다가 2004년 가은선의 폐선으로 폐역되었다. 현재 경상북도 문경시 마성면 하내리에 터만 남아 있다.(네이버 지식백과 구랑리 역, 두산백과)

2023. 5. 4.

선비 이야기 여행

진남역

진남역은 주암정과 도천 서원, 근암서원으로 이어지는 선비 이야기 여행길 구간이기도 하다. 대한민국 관광 10선 3코스 '선비 이야기 여행' 권역에는 경상북도의 안동, 영주, 문경, 대구광역시가 포함되어 있다. 그중에서 문경새재로 대표되는 경상북도 문경의 '여름 선비 이야기 여행' 명소는 꼭 가 볼 만한 곳이라고 한다. 8월과 9월 사이에 문경의 선유구곡에서 '문경 아홉 구비 별빛 기행'도 가 볼 만한 행사이다. 선비 이야기 여행에 별 사진을 담는 것도 좋을 것 같다. 산으로 둘러싸인 문경이니 불빛이 그리 밝지 않을 테니까.

　폭풍까지 동반하고 오고 있다던 비는 이제 조금씩 소식을 전해 오고 있다. 역사 앞을 흐르는 강엔 낚시꾼들도 일어설 기미가 없다. 비가 오건 말건. 멀리 보낸 낚싯대를 바라보며 세월을 낚는지 고기를 낚는지 움직일 줄 모른다. 강 건너편으로 높이 병풍을 두른 바위가 마치 동양화 한 폭이다. 비경을 보고 있는지, 고기를 낚는 건지. 나도 비경에 넋을 놓았다.

　진남역으로 올라갔다. '문경 선비 이야기 여행'이라는 레일바이크 바퀴에 올라탄 젊은 선비가 배시시 웃으며 우릴 맞는다. 갓 내리기 시작한 비에 젖어 드는 철로가 촉촉해진다. 비에 젖은 흙냄새가 모락모락 올라와 녹음이 짙어지기 시작한 나뭇잎에 악수하고 살랑거리는 바람 소리에 빗방울을 올려보내기 바쁘다. 레일바이크 영업도 끝내고 서산으로 기우는 해도 숨겨버린 비구름이 울음을 참다 참다 흘린 눈물, 오래된 역사 지붕에서 미끄러지듯 내

려와 처마 밑 화단으로 떨어진다. 마음 놓고 떨어져도 좋다는 내 눈짓에 우산에도 제법 굵은 빗방울 소리가 들린다.

날이 저물기 시작했다. 맛있는 저녁을 먹은 후 대야산 자연휴양림으로 가면 된다. 은근히 압력을 가하는 휴양림 관리자의 문자를 콧등으로도 듣지 않은 나의 선택은 탁월했다.

은퇴 후 문경의 레일바이크 회사에 취업한 후배와 만나 몇 년 동안 묵혀 놨던 온갖 사설로 밤이 이슥해져 간다. 솜씨 좋은 L 언니의 요리 솜씨에, 남자가 별걸 다 한다는 내 놀림을 들어가며 내어놓는 후배의 산나물 장아찌를 곁들인 삼겹살 맛은 단연 으뜸이다. 거기에 더하여 고급 다기까지 챙겨온 J가 준비한 차담으로 시간 가는 줄 모른다. 내 몫도 있다. 제주의 K 선배가 보내준 특급 보이차가 큰 몫 했다. 조선의 선비처럼 차담으로 멋을 내는 '선비 이야기 여행'의 길목에서.

이제 늦은 밤 산길을 달려 휴양림으로 간다. 처녀 귀신, 총각 귀신 나올 테면 다 나와라. 우리가 간다. 휴양림에서 꿀잠으로 힐링하러.

2023. 5. 4.

녹색의 장원이 되어

불정역

폭풍우를 동반한 비가 올 거라던 기상청의 일기예보는 의욕을 잃고 방황 중이다. 내 오만한 바람 덕인지, J의 기도에 응답한 하나님 덕인지 알 수 없다. 그래 하나님 덕이라고 해 두자.

대야산 휴양림을 나와 불정역(경상북도 문경시 불정강변길 187)으로 가는 길이다. 휴양림에서 38km의 지방도, 구불거리는 길엔 봄비가 부슬거린다. 이 비는 아주 적당히 봄비가 갖추어야 할 비의 양과 적당한 바람, 산허리를 도는 안개와 더불어 오랜만에 보는 봄비의 진수를 갖추었다. 최근 스콜처럼 쏟아지는 봄비가 내 정서 속 봄비의 속살을 앗아가 버리나 싶어 아쉬웠던 참이다. 얼굴이 막 보습 팩을 떼어낸 후 마냥 촉촉하다.

산허리로 둘러싸인 불정(佛井)역사는 비에 젖은 모습이 가히 어떤 별장의 모습도 견줄 수 없을 만큼 아름답다. 산자락을 타고 달리던 녹슨 열차가 안개를 두른 산허리에 느슨하게 서 있다. 몸통이 잘린 고목 둥치가 의자인 양 앉아 있는 철로변, 아직 남아 있는 철로가 물을 머금고 초록 풀 머리를 기르고 있는 모습이 아름답기까지 하다(?).

폐역된 후 나름의 노력으로 '문경 아라리오 인형 오페라하우스'라는 간판이 걸려 있다. 아마도 코로나19 영향으로 잠시 중단한 듯 보인다. 철로에 서 있는 기차는 잡풀이 무성한 철로에 의연하게 서서 해야 할 일이 있다는 듯 낡은 제 몸을 자랑하고 있다. 드문드문 오르내리는 계단이 있는 것으로 보아 갤러리 등으로 사용되었겠다는 생각이 들었으나 펜션이었다고 한다. 코로나19로 모

두가 멈추어 서 있는 동안 낡은 모습을 감출 수 없었던 그 기차도 오늘은 나름대로 낡은 아름다움을 입고 내 앞에 서 있다. 기억 속 철로변 아이들의 추억을 불러내어 문경새재의 혹부리 영감을 이야기하고, 인형극 오페라를 듣던 날을 기억하며 내일을 기약하는 모습으로 거기에 있다고 감히 예측해 보았다.

낡은 정자 지붕을 타고 내린 등나무꽃이 봄비를 머금고 내려와 향긋한 냄새로 우리를 유혹했다. 오랜만에 보는 등나무꽃의 처연함이 더욱 아름다워 보임은 아마도 봄비 탓일 거다. 이 비가 그치면 여름이 성큼 들어올 것이다. 철로를 건너 다가선 열차의 등허리, 세월이 더께를 안고 우리를 기다렸다는 듯 물빛 붓으로 채색한 나신을 내어놓고 멋쩍게 웃는다. 잠깐 기대어 기차 소리를 들어 보았다. 모월 모일, 우리네 청춘을 싣고 달리던 철커덕 소리가 들리는 듯함은 옛 추억 속의 기차가 달려와서일 거다.

상경 후 석 달쯤 후일 거다. 용산역에서 늦은 밤 기차를 타고 무작정 떠났었다. 그냥 부산이 가고 싶었을 뿐이다. 새벽 6시에 도착한 부산역은 아직 어둠이 채 가시지 않았다. 용두산 공원을 오르다 들어간 부산 중앙성당에서 우연히 만났던 마리아 수녀님, 제주 중앙성당에 계셨던 분이어서 정말 놀랍고 반가웠다. 어쩐 일이냐는 물음에 "그냥 왔어요" 했더니 그저 웃으셨다.

공원에 올라 심호흡하고 내려와 버스를 타고 해운대 해수욕장으로 갔다. 잠깐 바다를 보고 서울행 기차를 탔던 기억, 혼자 가는 기차여행의 시작은 그때부터다. 물론 요즘은 혼자 가기 무섭다.

어른이 되었는데, 왜일까? 아마도 머릿속에 무작위로 들어온 잡학 탓일 거다. 순수를 잃은 나의 가슴 탓일 거다. 간이역 촬영 초반 경기도 양평의 간이역에 혼자 갔을 때, 그냥 예전 같지 않았다. 심심하고, 약간 무섭기도 하고….

불정역은 1955년 9월 15일 완공되었다. 문경선의 시작 역인 점촌역과 진남역 사이에 있다. 역무실이 높은 박공지붕 형태이고, 1993년 9월 1일 영업이 종료될 때까지 40여 년간 석탄 수송을 맡아왔다. 그 후 역 본연의 임무는 할 수 없었다. 2008년 12월 수도권 전동차와 무궁화호 객차를 개조하여 열차 펜션을 운영하였으나 현재는 운영을 중단한 상태다. 코로나19는 이곳에도 여전히 비켜 가지 않았다. 터널 안 포토존은 마치 다른 행성으로 떠나는 연인의 길이라 해도 모자람이 없다.

　봄비를 맞으며 철로변 기차 옆에서 사진 촬영을 마치고 철로에 철버덕 주저앉았다. 가지고 간 따끈한 아메리카노를 한 잔씩 마시자 봄비에 젖은 아메리카노 향이 코끝에 머문 채 떠남을 거부한다. 우리도 잠시 묵언 수행 중인 낡은 기차처럼 얼굴을 들어 비를 맞았다. 우산은 접어두고 아이들처럼, 소녀처럼….

　불정역이 녹색의 장원이 되어 가슴으로 들어왔다. 오늘은 볼우물이 촉촉한 초록 공주가 되어보고 싶은 날이다.

2023. 5. 5.

내 발자국을 찾아

주평역

주평역은 경상북도 문경시 양달마길 29에 있다. 시내를 벗어나자 얼마 지나지 않아 주평역은 을씨년스러운 모습으로 나를 기다리고 있었다.

석탄 산업이 사장되면서 문경선과 가은선이 1995년 영업을 중단하였으나, 쌍용양회 문경공장이 남아 있어 화물 전용 역으로 사용되었다. 2018년 4월 30일 공장이 문을 닫으며 폐역되었다. 중부내륙선이 개통으로 문경선이 편입하게 되면 여객 취급 재개가 가능할 수도 있다고 한다.(www.naver.com.나무위키 백과 참조)

철로 건너편 마을도, 역 주변 마을도 비교적 큰 마을이 있는 것으로 보아 영업 당시에는 그 규모가 상당하였을 것으로 추정된다. 쌍용양회 문경공장과 석탄산업이 활황이었을 때 이야기겠지만, 폐역된 후로 관리되고 있지 않은 것 같다. 철로에 풀이 무성히 자라고 역사는 창문이 폐쇄되어 말이 없다. 폐역된 지 얼마 되지 않아서인지 철로에 서 있는 가로등 모습이 참 예쁘다. 철로변 넘어 산봉우리에 낀 안개가 물기를 머금고 슬몃슬몃 내려와 비를 뿌린다.

간이역을 둘러본다는 것, 폐역을 둘러본다는 건 색다른 경험이다. 전국의 어디쯤 있는지도 모르는 역을 무작정 찾아 나서는 날 가슴이 뛴다. 기계의 노예가 되어 가는지도 모르고 내비게이션의 길 안내 서비스가 가리키는 대로 가는 거다. 봉화의 어느 역에선 가는 길을 잘못 가서 앞으로 갈 수도 뒤로 갈 수도 없는 상황을 맞닥뜨리기도 하면서. 자동차의 옆구리가 길섶 나뭇가지에 긁혀

아프다고 소리쳐도 못 들은 척 갔던 길에서 황당한 사건, 그건 이 여행에서만 느낄 수 있는 유일무이한 경험이다.

역을 나와 주평마을을 한 바퀴 돌아보았다. 날씨 좋은 날 같으면 현관문을 열고 나와 이웃집과 담소하는 어르신 몇 분쯤 만날 수 있음 직한 집 앞을 지나며 아쉬움을 삼킨다. 역에서의 내 행보는 어떤가. 덤불이 있건 말건, 벌금이 있다는 경고 표시도 무시하고 들어가 폐역의, 간이역의 철로를 밟아 봐야 직성이 풀린다. 오늘 주평역은 어느 구석에서 커다란 뱀이 스르륵 기어 나올 것 같은 철로로 성큼성큼 들어가 카메라를 들었다. 다행히 목이 긴 등산화를 신었다고 나를 다독이며 그곳에 내 발자국을 짙게 찍어 놓았다. 후일을 위해 금가루라도 뿌릴 걸 그랬나? 혹시 아는가. 후일 중부내륙철도가 개통되어 주평역에 다시 올 수 있다면 내 발자국의 흔적을 찾게 될지, 미래는 누구도 예측할 수 없는 일이니까.

주평마을을 나와 왕건 촬영소가 있다는 곳으로 갔다. 비는 여전히 내린다. 빗방울이 조금 더 굵어졌다. 간이역 촬영을 마쳤으니 이제는 덤이다. 여러 개의 관광지 중에 골랐다. 찻사발 축제라니 다도를 전공한 친구를 위한 것이기도 하다. 비가 오는데도 들어가는 길은 삼사십 분 걸어야 한다. 길은 이미 물 범벅 흙 범벅이 되어 질척였다.

멋들어지게 지어진 한옥 마을에 찻사발 축제를 홍보하는 현수막, 광고물 때문에 풍경은 아주 불쾌한 모습이 되어 카메라는 꺼내지도 않았다.

　오늘 저녁의 진수성찬을 위한 준비도 해야 한다. 문경도 봉화처럼 산촌이어서인지 한우가 유명하다. 왕건 촬영소로 가는 도중 발견한 축협은 정말 컸다. 아마도 문경시청만큼 크지 않았을까? 확인해보지 않았지만. 이 조그만 도시에 이렇게 큰 축협이 있고 그 주차장에 차가 빼곡하다. 문경 시민 전체가 나왔나? 어쨌든 우린 한우를 넉넉히 샀다. 여행의 진수 두 번째는 먹는 거니까. 다행히 우리는 솜씨 좋은 L이 있으니 아마도 식당에서 구워 먹는 것보다 훨씬 맛있을 거다.

　해가 서쪽으로 완연히 기울었다. 비까지 오니 산촌의 오후는 밤을 향해 빠르게 달린다. 불정자연휴양림이 우리의 숙소다. 태풍이 온다는 소식에 빈 곳이 수두룩해진 대야산 휴양림에서 하루 더 있는 건 실패했다. 궂은 날씨 탓이라며 홈페이지 예약시스템을 막아서 홈페이지 예약이 불가하다고 한다. 이까짓 비에 장사를 그만하겠다는 거다. 참 공무원 하기 편리한 세상이다. 이제 우리는 컴퓨터 시스템이 없으면 아무것도 못 하는 세상으로 가고 있다. 빈 방이 있고 그 대가를 현금으로 지급하겠다는데도 컴퓨터 시스템이 아니면 안 된다는 말만 앵무새처럼 하고 마는 사람들이 사는 세상이 되어가고 있다. 머지않아 우린 기계가 명령하는 대로 살아야 하는 세상이 오고 있는 것은 아닐까?

　불정 휴양림은 문경시에서 운영하는 곳이다. 그곳은 전화로도 예약할 수 있었고, 결제도 현지에서 카드로 결제하면 되었다. 현금은? 글쎄 물어보지 않았지만 되지 않을까 싶다. 불정산 입구에 있는 불정동 마을을 지나 들어간 휴양림 숲속의 집, 내리는 봄비에 젖은 나뭇잎에 물방울이 매달려 있고 계곡으로 흐르는 물이 맑고 청아한 곳이다. 탄성을 지으며 들어가 문경산 한우를 맛있게 구웠다. 그리고 보이차를 따끈하게 끓여 고급스러운 차담으로 산속 휴양림의 밤을 즐겼다. 철도가 개통되어 주평역이 재사용되었다는 소식에 발자국을 찾아 기차를 타는 꿈을 꾸며 잠이 들고….

2023. 6. 3.

승하차장에 내린 사람들

점촌역

점촌역은 두 개의 경북선과 문경선 선로로 나누어져 있다. 현재 문경선은 폐역이 되어 경북선 김천·영주 방면 무궁화호가 정차한다. 승하차장에 사람들이 내려 걸어가는 모습, 정말 오랜만에 본다. 간이역은 기차가 아주 드물게 오가거나 아예 폐역된 경우가 많다 보니 시골 간이역에 이렇게 많은 사람이 승하차장에 있는 모습은 잘 볼 수 없다.

점촌역은 1924년 경북선 보통 역으로 영업을 시작하여 1969년 현재의 역사를 신축했다. 우리나라 최초의 산업철도인 문경선의 분기역으로 가은에서 생산되는 석탄을 주로 취급하였다. 상주역과 더불어 경북선에서 여객 수가 많기로 손꼽힌다. 경북선의 활성화를 위해 '신나는 동화 속 세상'이라는 주제로 2008년 철도체험장을 운영 중이라고 하는데 코로나19 여파인지, 내가 찾지 못했는지 보지 못했다.(네이버 나무위키)

점촌이라는 이름은 예전에 이 지역에 옹기점이 많아 점촌(店村)이라고 했다고 한다. 석탄산업의 호황일 때는 문경의 역들도 호황을 누렸으나 산업이 쇠퇴하면서 대부분 폐역되었고 지금은 점촌역만 여객을 취급하고 있다. 향후 중부내륙선과 경북선이 만나는 지점이 될 예정이어서 중부내륙 전 구간이 개통되면 KTX-이음이 정차하게 될 가능성이 있다고 한다.

비는 여전히 내리고 그치고를 반복한다. 불정역에서 나와 간 역은 이번 여행에서 제일 화려한 역이었다. 역을 나와 건너편 상가로 가 보았다. 노래방, 다방, 옷 가게 등 시내 중심가다운 면모다.

지금은 문을 닫은 듯 보이는 화려한 간판이 비틀어진 모습이 영광이 사라진 골목을 대변하고 있다. 익히 들어왔던 탄광촌 특유의 상점(?) 구성도 지금은 카페 등으로 모습을 바꾸어 미래를 준비하는 모습이다. 아직은 먼 미래인 중부내륙철도의 개통이 이 지역 사람들의 마음을 조금은 위로하고 있는지도 모른다. 쇠잔해 가는 도심을 붙잡고 안간힘으로 버티고 있을 시민들의 마음을 위로 할 수 있는 무언가가 있는 것만으로도 소멸해 가는 지방 도시에는 그나마 다행이라면 다행일 것이다. 너른 주차장과 역 앞 광장은 아직도 옛 영화를 잊지 않고 기다리고 있는 모양새다.

 철로에 내린 승객들의 발길을 따라 점촌역의 미래도 결정지어지리라. 2004년 일 평균 이용객이 460명이었던 승객 수는 2021년 130명으로 줄었다.(철도통계연보) 승객 수의 많고 적음이 점촌역

의 미래를 결정지을지도 모른다. 물론 시대가 변해서 자가용을 이용하는 사람들의 수가 많아지긴 하였지만, 철도 이용객 수가 무관하지 않을 것이다.

  이제 코로나19의 여파도 끝 지점에 이르렀으니 또 다른 프로그램으로 승하차장의 승객 수를 늘려보려는 점촌시의 시도도 계속될 것이라 여기며 역 마당을 나왔다.

  다양한 프로그램이, 개발된 관광지가 유혹하는 그 날 나도 기차를 타고 이곳에 와 볼 수 있기를 기대한다. 기차 여행만이 주는 낭만을 위하여 카메라를 들고 배낭을 메어 볼 것이다. 승하차장에 내린 사람들과 어깨를 맞대고 문경의 아름다움을 찾아가 보리라.

  비가 갑자기 거세어졌다.

2023. 6. 3.

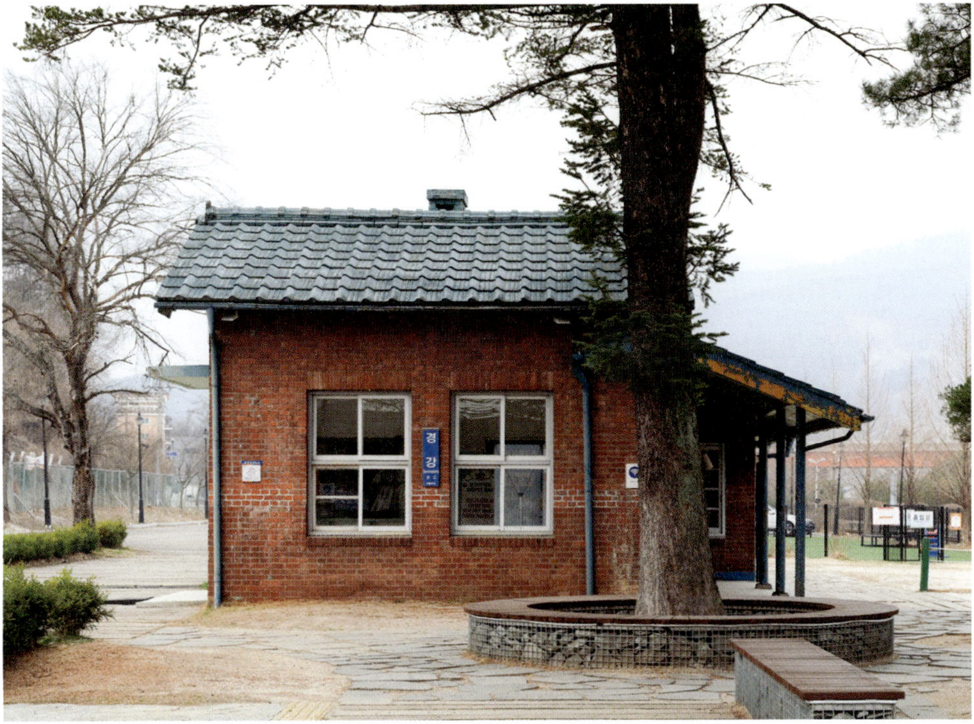
경
강

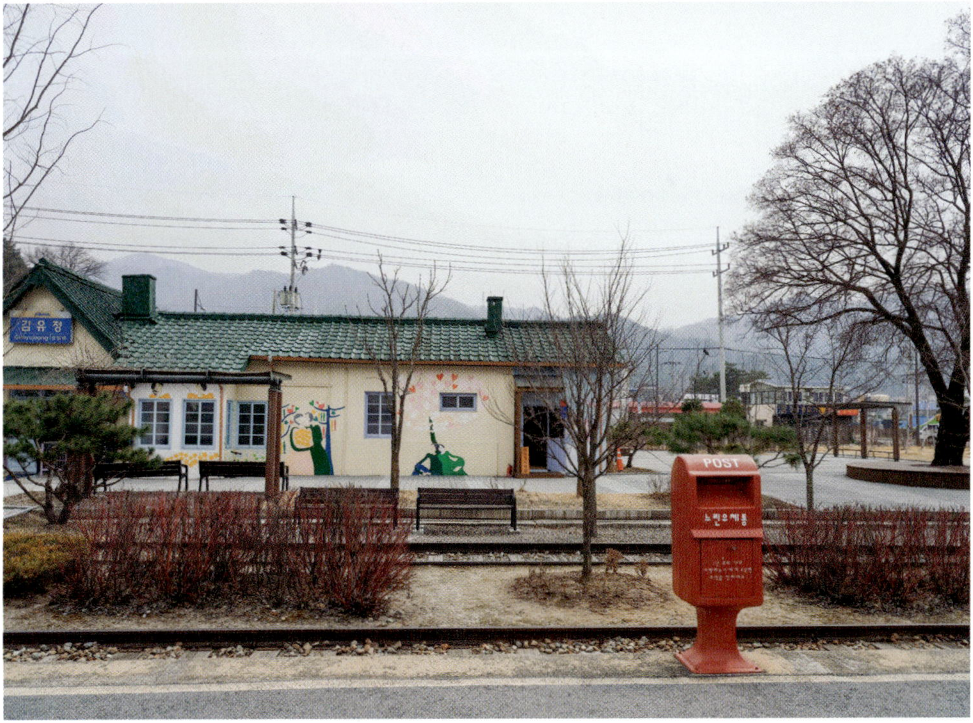
김유정
POST
느린우체통

풍경 담은 간이역

2024년 2월 15일 초판 인쇄
2024년 2월 20일 초판 발행

지은이 양호인

발행인 강병욱
발행처 도서출판 교음사
편집   수필문학사 편집부

03147 서울 종로구 삼일대로 457 수운회관 1308호
Tel (02) 737-7081, 739-7879(Fax)
e-mail : gyoeum@daum.net
등록 / 제2007-000052호

* 잘못된 책은 바꿔 드립니다. 값 23,000원

ISBN 978-89-7814-971-6 03980

- 이 책 내용의 전부 또는 일부를 재사용하려면 저작권자와 교음사의 동의를 받아야 합니다.
  지은이와의 협의 하에 인지는 생략합니다.